北京市教育科学"十四五"规划2023年度一般课题（CEDB

破解家园沟通的 50个难题

幼儿园家长工作实用手册

谷金双　王艳云　主编

中国农业出版社
农村读物出版社
北　京

编委会

尊重教师专业性，从帮助家长解惑做起

　　2024年7月的一个下午，我应邀来到北京市朝阳区秀园幼儿园为新生家长做一次讲座，围绕家长表现出的不同焦虑及家长如何陪伴幼儿做好入园前的准备等开展了一系列的讨论。家长们听得非常专注、认真，纷纷感谢幼儿园对他们的理解，不但缓解了他们内心的焦虑，还给予他们缓解新生入园焦虑的家庭教育指导策略，让他们感受到了这所幼儿园的温暖与用心，感受到了幼儿园教师的专业。我相信本次活动会帮助新生家长迈出对园所信任的第一步。

　　当我看到家长们放松、安心、满足地离开幼儿园时，我也在思考：为什么该园首次新生家长会的实效会如此好？后来才顿悟出来，是教师们一直在做着专业的事。家长会的精彩开场、井然有序的讨论过程、园风园貌的全面展示、教师的热情阳光等，都让家长们看到了幼儿园对幼儿教育工作的重视与用心。其实，家园关系的有效融合，关键一点就是园所能真正站在家长的角度理解及解决家长的需求或诉求。

　　《幼儿园保育教育质量评估指南》（以下简称《评估指南》）聚焦幼儿园保育教育过程及影响保育教育质量的关键要素，特别是在教育过程部分的"家园共育"考查要点中提到：①幼儿园与家长建立平等互信关系，教师及时与家长分享幼儿的成长和进步，了解幼儿在家庭中的表现，认真倾听家长的意见建议；②家长有机会体验幼儿园的生活，参与幼儿园管理，引导家长理解教师工作对幼儿成长的价值，尊重教师的专业性，积极参与并支持幼儿园的工作，成为幼儿园的合作伙伴；③幼儿园通过家长会、家长开放日等多种途径，向家长宣传科学育儿理念和知识，为家长提供分享交流育儿经验的机会，帮助家长解决育儿困惑。这些是指导每一所幼儿园在家长工作上"如何做"和"做得更好"的关键。

正因为该幼儿园将考查要点认真履行在首次新生家长会中，体现出了对家长的尊重，而非让家长会成为教育家长的课堂，所以才获得了家长们的认可。由此可知，良好的园所环境、教师的专业精神、专业能力及专业智慧都是赢取家长信任的关键因素。当我们的教师真正具备了专业素养，家长的信任自然能建立起来。

本次入园，我还看到了北京市学科带头人、朝阳区秀园幼儿园谷金双园长及朝阳区教师发展学院学前教育培训部、北京市特级教师王艳云主任带领数所幼儿园骨干教师编写的《破解家园沟通的50个难题》一书的定稿，更让我这位工作近四十年的老教师倍感欣慰。这些骨干教师想通过家园沟通的50个问题，帮助新教师及青年教师提升家长工作水平，让教师从解决家长提出的一个个日常育儿共性小问题开始，逐渐成为具有专业精神及能力、博得家长信服的教师，使家长从内心尊重教师这个行业。

我常思考，《评估指南》中为什么要提出"尊重教师的专业性"？我想，一是引导社会及家长重视学前教育；二是教师还存在专业上的欠缺，特别是青年教师还在成长中，需要不断学习；三是针对家长众多的困惑问题，教师不能一对一给予满意的回复，而往往在日常回复家长的一些细小问题时，更能看出教师专业与否。因此，该课题组围绕众多幼儿园家长面临的共性问题，精选50个逐一进行攻破，给出问题的解决措施，以丰富家长育儿、家园共育的经验，让家长在运用策略的同时，感受并尊重教师的专业性。

1. 尊重教师专业性，要求教师必须有一定的专业精神与能力

教师专业性的核心是：第一，作为学前教师，要清晰了解幼儿的年龄特点、发展水平及发展需要，并能有针对性地给予策略支持，让家长看见幼儿的成长。第二，教师的专业能力着重体现在日常实践工作中。因此，谷老师团队的研究，旨在通过对家长提出的 50 个共性问题的收集、探究、解决、梳理和总结，促进青年教师专业性及家长工作能力的提升，让他们"跳一跳够得着"，在工作中更有自信。让名师、骨干教师给予青年教师、新教师一些在家长工作上的支持，减少新教师因棘手的家园问题或解决效果不好而产生的压力，让教师乐学乐研，不再回避问题或怪罪家长"出难题"，而是积极帮助家长解决问题，做专业的教师。

2. 尊重教师专业性，家长必须对教师专业性有信服感

家长对园所、教师的信任，不是凭园所教师的夸夸其谈而来，而是实实在在地帮助家长解决问题的结果。本书的主旨是通过解答一个个家长育儿小问题的实效，让家长看见教师的专业精神、专业能力和专业智慧。家长对园所、教师信任与否，往往取决于家园间发生的一个个小案例引发的家长对教师的信服或质疑。因此，助力青年教师在不断解决家园问题中成长为令家长信服的教师，是教师队伍培养方面的一项非常有意义、有价值的工作。当教师的专业能力得到提升，指导家长开展家庭教育有效，让家长看到孩子的成长的时候，家长对教师的认可、信任与尊重自然生成。这种信任是坚固的，发自家长内心的、持久的。因此，作为教师，"尊重教师的专业性"不是向家长索取，也不是给家长提要求，而是当家长从内心信服、尊重教师时，教师的职业幸福感才真正拥有。

3. 尊重教师专业性，必须基于家园关系的和谐

在日常工作中，教师应具有指导家庭教育的能力。当家园沟通遇到一些问题时，有的新教师可能只会给家长讲道理，缺少一些实际、可操作的方法策略支持家庭教育，导致家长不满意，甚至感觉老师在推诿、不专业。其实，家庭指导并非简单的说教。当孩子出现一些问题时，特别需要家园携手共育，家园策略有机融合方能成效。因此，当遇到一些家长提出的问题时，要做到不推诿、不怪罪、不抢功、不简单下定论，认真分析问题背后的成因，站在家长角度解决问题，给予家长一些可操作性的策略，让家长体验到实效，进而感受到教师的专业性并产生信服感。因此，建立和谐的家园关系，也是解决家长问题的关键，让家长感受到园所教师的力量与专业，从而更加信任教师。

　　总之，《破解家园沟通的50个难题》的出版，有助于提升新教师及青年教师家长工作的能力，有助于缓解新教师因家园问题带来的压力和无助，有助于支持青年教师的专业成长，让教师的专业真正被家长看见！

特级教师　芦德芹
2024 年 7 月

前　言

　　随着学前教育的高质量发展，家庭和幼儿园的关系越来越密切。《中华人民共和国国民经济和社会发展第十四个五年规划和2035年远景目标纲要》明确指出"健全学校家庭社会协同育人机制"。《幼儿园保育教育质量评估指南》在"教育过程"中也提出家园共育的关键词有"平等互信""参与合作""科学宣传""协同育人"。家园共育就是在幼儿园和家庭之间、教师和家长之间形成教育合力，共同促进幼儿的全面健康成长。

　　幼儿教师每天面对的不仅仅是幼儿，还有我们的家长朋友。在从教20余年的时间里，我们遇见过不同职业、不同个性、不同教育背景的家长。一名合格的幼儿教师必备的基本能力之一，就是要与家长进行有效的沟通合作。家园沟通，简而言之，就是指家长与幼儿园及教师之间的沟通和交流。在幼儿园的工作中，无论是新教师还是骨干教师，都会遇到家园沟通方面的难题，比如"遇到家园教育不一致的家长怎么办？""新生家长会该怎么开？""孩子回家说被班里小朋友欺负，该怎么沟通？"等等。我们从多个园所一线教师中征集了80多个家园沟通的话题，并从中筛选了50个具有典型性的话题，针对话题特点分成了从家庭到幼儿园的小班家长工作、从幼儿园到小学的中大班家长工作，每个阶段又分成教师准备篇和教师与家长沟通篇。每个阶段的话题，均是针对幼儿园家长常问、教师较难解答的问题，组织在一线教学中具有较强家长工作能力的骨干教师团队进行解答。在教师准备篇，本书通过引言和剖析难点分层进行解答，辅以沟通话术，对一线新教师更有针对性。在教师与家长沟通篇，本书运用情景描述将教师遇到的真实案例进行还原，与读者产生共鸣。在难题回答部分，本书既从专业的角度解释了问题产生的原因，又从理论和教育实践方面总结了简单有效、操作性强的策略。这些策略不仅仅有利于当前教师解决家园沟通难题，更是着眼于幼儿长远的发展。

家园之间形成教育合力是提升幼儿园教育高质量发展的重要内容之一，家园沟通的关键在于教师和家长之间建立相互信任、尊重和支持的情感桥梁。在本书的附录部分，还为大家提供了40条家园沟通金句。希望本书能让广大教育工作者学有所用、学以致用。

感谢北京市朝阳区秀园幼儿园、丽景幼儿园、枣营幼儿园、光华路幼儿园和福怡苑幼儿园提供宝贵的话题案例。北京市朝阳区丽景幼儿园时鸿雁园长、张倩老师、李佳景老师负责第一章教师准备篇话题的审稿与修改；北京市朝阳区枣营幼儿园宋芳园长、常鹏老师、刘祎玮老师负责第一章教师与家长沟通篇的审稿与修改；北京市朝阳区光华路幼儿园张征园长、彭雪洁老师、郭娜老师负责第二章教师准备篇的审稿与修改；北京市朝阳区福怡苑幼儿园肖微园长、秦雪老师负责第二章教师与家长沟通篇的审稿与修改；北京市朝阳区秀园幼儿园王芳老师、杨晶悦老师对全书进行统稿与修改。感谢北京教育学院范爽琛博士提供理论支持，北京市朝阳区教育科学研究院刘洁红老师对本书的策略部分提供宝贵意见。彭雪洁、郭娜、常鹏、刘祎玮、秦雪、李佳景、张靖、张爽、李乐、王婷、罗楠、汤睿、谢静等老师也为本书难题案例的征集提供了支持，在此一并表示感谢。

主　编

2024 年 7 月

目 录

尊重教师专业性，从帮助家长解惑做起

前言

第二章　从幼儿园到小学（中大班家长沟通工作）/ 65

教师准备篇 / 66

第一章 从家庭到幼儿园

（小班家长沟通工作）

教师准备篇

难题 1 小班新生家长会怎么开才能获取家长的信任？

引言： 9月份幼儿园入园新生的家长会非常重要。第一，幼儿园是幼儿从家庭步入集体生活的第一步，也是走向独立、走向社会的第一步，对孩子来说，分离焦虑会让他们非常痛苦，犹如"二次断奶"。第二，对于家长来说，他们多数也是第一次与孩子学校的教师打交道，对师资和孩子在幼儿园的生活既忐忑不安，又充满好奇，会萌生各种问题，如幼儿园各方面条件到底怎么样？班级老师素质如何？孩子在这个班级会快乐吗？……所以，开好新生家长会，让家长认可幼儿园、信任老师，是幼儿园新生班级教师面临的挑战。如何在第一次召开新生家长会时获取家长的信任呢？

1. 开场白

首先要感谢家长的出席，语句要言简意赅，要在简短的开场白里让家长知道教师前期做这些工作的意义。

如："通过交流，和大家有了初步的了解和沟通，非常感谢大家出席今天的家长会。前期的准备是为了帮助宝宝们尽快熟悉幼儿园，缓解他们的分离焦虑，帮助他们尽快适应集体生活，喜欢上幼儿园。今天的家长会是让家长了解幼儿园的教育目标，更好地与我们一起为幼儿的发展作出努力。"

提示：在家长会的开场中，要表明自己的角色，我们是幼儿园教师，是孩子在园内生活的帮助者，但是在幼儿的成长过程中，是需要家长和幼儿园共同努力的，不能只是依靠幼儿园和老师。

2. 介绍班级团队

介绍班级教师（班主任、教师、保育员）时要注意措辞，资深教师和年轻教师的介绍，要掌握好度，不要让家长觉得两位老师的教学能力是有差别的。

另外，千万不要忘记介绍生活老师（即保育员），因为小班的保教结合是最紧密的，很多家长常常因不理解而忽视生活老师。

提示：此方面介绍得好，不仅会让家长觉得整个班级的教师素养都非常高，能放心把孩子交到幼儿园，而且对于配班老师和生活老师而言，是非常受用的，能让三方更加有凝聚力，对团队协作很重要。

3. 介绍环境

教师可以对班级的整体环境逐一进行介绍，让家长了解园内环境布局不仅美观，而且都是老师精心布置以及具有教育价值的。班级环境在设计制作的过程中都隐含着教育价值，所以在介绍班级环境时，需要让家长们也知道环境中隐藏的奥秘，如设置班级喝水记录、大小便记录等环节的目的。

如出示盥洗室的图片后问家长："你们看到了什么？"既引发了互动，又能让家长进行观察了解。教师可以说："我们盥洗室里的水龙头都是不一样的，这么做既激发了孩子们洗手的兴趣，也会通过抬、压、拧等不同的动作发展孩子的小肌肉水平。旁边还有洗手步骤图，在平时的洗手环节，我们会不断重复洗手儿歌，带着孩子们一起洗手。洗手是日常生活中非常重要的一环，也希望孩子能做到家园一致，在家也能这样洗手。"这样做的目的，一是让家长了解孩子洗手的步骤，二是家长学会了也能更好地帮助孩子在家里养成正确洗手的习惯，这样家园教育方式就一致了。

4. 幼儿的一日生活

（1）班级课程安排

家长会上，我们可以提前为家长们介绍孩子每天在幼儿园都在做什么。如果是主题活动的形式，我们可以分别介绍本学期的几个主题。

（2）作息时间

幼儿园的作息时间是需要提前告知家长的，这里需要强调规范作息的重要性，叮嘱家长在周末尽量不要对作息时间做太大的改变，以帮助幼儿养成良好的作息习惯。如果幼儿园有季节上的作息改变，也需要提前告诉家长。

（3）日常活动

介绍孩子在幼儿园活动的四大基本形式：生活活动、游戏活动、集体活动、户外活动。

提示：此方面可以通过一日活动的视频、照片辅助介绍。

5. 其他注意事项

（1）公布教师联系方式及联系时间

（2）简要解答家长担心的问题

（3）强调安全问题

提示：这里可以根据幼儿园和教师的一些注意事项来介绍。

（北京市朝阳区枣营幼儿园　宋芳、佟研、刘祎玮、辛震）

● **难题 2**　第一次家访要与家长聊什么？怎么聊？

引言：家访是教师与家长沟通和建立联系的重要渠道。通过家访，教师可以直接观察、了解幼儿的生活环境和家庭氛围，还可以了解家长对幼儿的教育期望和关注点，从而更全面地了解幼儿，促进家园之间的沟通与合作。

那么第一次家访要与家长聊什么？怎么聊呢？

1. 亲切问候与自我介绍

在家访开始时，要向家长表示亲切的问候，并简要介绍自己的身份，以便拉近与家长的距离。

（1）班长进行简短的自我介绍

如："××妈妈，您好，我们是××幼儿园××班的老师，很高兴您和孩子一起成为××班的一员。我是××班的班长，毕业于××学校，今年是工作的第×年，担任班长已经有×年了，目前是区级骨干教师（可以介绍曾获得的荣誉称号）。这是我们班的其他两位教师，他们都非常喜欢孩子，有丰富的带班经验。接下来他们也和您认识一下吧。"

（2）班级教师进行简短的自我介绍

如毕业院校及专业、工作年限、获得的相关荣誉称号、曾担任过何职务等相关信息。

2. 感受家庭环境和氛围

了解幼儿家庭的基本情况，如家庭成员、居住情况等，同时观察家庭氛围，以便更好地了解幼儿的生活环境。

如："您家孩子的昵称是什么呀？宝宝平时都和谁生活在一起呢？一般是谁照顾宝宝呀？上幼儿园以后是谁负责接送呢？他在小区有没有玩得好的小朋友呀？"

3. 了解幼儿在家的表现

与家长交流幼儿在家中生活习惯、自理能力、兴趣爱好等方面的表现。

（1）幼儿的自理能力和生活习惯方面

如："孩子马上要独立进入集体生活了，想了解一下孩子在家是否能够自己吃饭？会不会自己穿衣服？孩子有没有参加过一些集体活动的经历？"

（2）了解幼儿的兴趣爱好

如："孩子平时有什么感兴趣的或者喜欢做的事情吗？"

（3）了解幼儿身体是否有过敏情况或其他特殊情况

如："由于幼儿园是集体生活，我们也需要对孩子疾病史方面进行简单的了解，请您放心，这些是不会公开的，只是班级工作。从孩子健康和安全出发，我们需要对孩子了解得更全面一些。孩子是否有过腮腺炎、猩红热、水痘、肝炎、肺结核、麻疹、高热惊厥？有其他特殊疾病吗？孩子对哪些食物出现过敏反应呢？"

（4）是否有民族、宗教等特别的饮食习俗

如："我看到孩子的民族是×族，在饮食或其他方面有什么特别需要注意的吗？"

4. 赠送幼儿幼儿园或班级的小标志

幼儿自选卡通形象小标志图片，引导家长和幼儿一起认识自己的小标志，帮助幼儿初步建立对幼儿园的期待和归属感。

如："这个是咱们小一班的小标识，你喜欢哪个呀？现在选一个吧！恭喜你和这个小标志成为好朋友，你要记住它哟，它也在咱们班里等着你呢，开学的时候记得要开开心心地到班上来找它！"

5. 家园配合方面

（1）针对小班初期分离焦虑现象

如："小班孩子和家长可能会有分离焦虑现象出现，希望您能够科学看待和积极配合，也希望您能坚持送孩子来园，咱们家园配合一起度过特殊时期。家长很可能也会有分离焦虑情况，您有什么顾虑或困惑都可以及时和我们进行沟通。"

（2）家长参与活动方面

如："幼儿园后期还会有一些亲子活动或者家长志愿者、家委会等活动，需要家长积极参加并发挥特长，如果您愿意参与到幼儿园或班级活动中来，咱们可以一起出谋划策，一同为孩子们带来更精彩、更有意义的活动。"

6. 其他注意事项

（1）教师三人分工：一个人主要与家长进行沟通，一个人负责记录，还有一个人与幼儿进行简单互动。

（2）简要解答家长提出的问题。

（3）针对特殊情况不能入户家访的家庭，教师可采取网络视频进行家访或邀请家长和幼儿来园进行沟通互动。

（北京市朝阳区丽景幼儿园　苌静雅、安丽娜、时鸿雁）

难题 3　**针对个性突出或特别的幼儿如何进行沟通？**

引言：小米是中班的插班生。第一天入园，老师从妈妈的手里接过小米，她挣扎着不愿意跟老师走并开始哭喊。老师用陪伴小班刚入园幼儿的方式来陪伴小米，她依然难以平复情绪。早餐过后，她的情绪稍有缓和，但对老师和小朋友的主动示好比较排斥，只愿意一个人安安静静地坐着，并且要求中午回家。家长顺从孩子的意见，每天午餐过后把她接回家。第二天，第三天……一周之后，小米依然在进入幼儿园大门就开始哭闹，每天午餐之后就回家。孩子的入园状态让家长比较焦虑，一度不想送孩子来园了。孩子也因为家长的情绪变化变得更加不愿意上幼儿园。

教师在面对这种个性特别的孩子时应怎样与家长沟通才能让孩子顺利融入班集体呢？

1. 宣传正确教育观，帮助家长了解插班初期孩子正常的情绪反应

在前期的沟通中了解到，小米在小班阶段一直居家没有上过幼儿园，现在直接由家庭生活跨入幼儿园中班。因此，她入园后的不适应表现与小班幼儿初期入园情况大抵相同，具体表现在用哭闹的方式宣泄情绪。

2. 与家长沟通，确定近期共同保教方案

为了能够让小米尽快适应幼儿园生活，减少哭闹和不适应情绪，在征询家长的建议并和小米进行沟通的前提下，允许幼儿在第

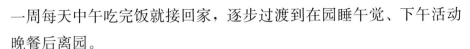

一周每天中午吃完饭就接回家，逐步过渡到在园睡午觉、下午活动晚餐后离园。

3. 注重家长工作的频次和方式，展示教师的关怀与重视

在与插班幼儿的家长沟通时，需要做充分的准备。班级三位教师做好分工，一位负责观察幼儿日常生活的情况，如进餐、午睡，一位负责观察幼儿的同伴交往、语言表达、游戏娱乐等情况，用视频、照片或文字进行记录，另一位则及时向家长反馈，入园初期反馈的频次最好是每天一次，随着适应情况进行有针对性的反馈，比如近期的午睡情况、进餐情况、交往情况等。一方面让家长发现幼儿的成长变化，另一方面让家长感受到教师对幼儿的关怀。

4. 定期反馈，增加家园合力

（1）教师使用观察记录、视频、照片等直观的形式进行记录，及时向家长反馈小米的情况

（2）创设个性化的心情角，平复小米的情绪，逐步让她爱上幼儿园

教师特别创设了心情角，这里是心情糟糕孩子的专属空间，让孩子帮助孩子，通过同伴的交往，彼此感知、表达、回应不同的情绪。在一日生活中，我们发现小米进入班级后能够在教师的提示和提醒下，做一些简单的事情，并且会关注同伴的游戏。小米不仅关注他人的情绪变化，还乐意与他人分享自己的快乐，喜欢他人倾听自己的情绪表达。其他人的情绪变化，也能够吸引她的注意。通过心情角，小米有了和同伴交往的需求。

5. 家园共育，共促幼儿发展

（1）家长帮助孩子回忆幼儿园内愉快的事情，激发她向往幼儿园生活的意识

家长多与老师沟通，了解园内比较重要的活动，帮助小米回忆

园内有意思的事情。

（2）家长和老师进行连线

在家中和老师进行连线，让小米知道老师对她的爱不仅是在幼儿园，她回到家中老师依然会关心她，帮助小米和老师建立依恋关系。

（3）亲子约定上全天幼儿园，不要求中途回家

每天上半天幼儿园，容易让孩子产生与众不同的感觉。因此，尽管小米没有上过小班，但也要尽量保证中班时上全天，帮助她逐步适应幼儿园的规律生活，慢慢发现自己在长大，尽快融入集体生活。

（北京市朝阳区丽景幼儿园　崔悦、毛雪、李佳景）

● 难题 4　如何在全班家长中选出家委会成员？

引言：家庭是幼儿园重要的合作伙伴，家委会更是幼儿园与家庭连接的重要纽带。《幼儿园工作规程》中明确指出"幼儿园应当成立家长委员会。"班级家委会是班级一部分家长作为全体家长代表，在班级教师的引领下，代表全体班级家长利益，推动幼儿园、家庭、社会三方合作共育，促进班级幼儿全面和谐发展的重要形式。

在家委会选举前，我们应首先明确家委会选举的流程、标准及职责，以确保选举过程的公正性和家委会工作的有效性。为确保选出合适的家委会成员，在选举过程中应遵循一定的原则和程序。

1. 明确家委会的职能与定位

在选出家委会成员之前，教师首先要明确家委会的职能与定位。要认识到家委会是家园沟通的重要桥梁，教师至少要有一个月的时间对本班家长进行观察，做到心中有数。成员选择要多元化，

要代表全体家长的利益。成员的选择应该着重考虑家长是否具备较高的责任心、沟通能力和组织协调能力，并将这一基本原则告知家长。如："家长您好，为加强家长与幼儿园的联系，我们将在班级家长中选出两位家委会成员，负责协调家长、幼儿园和幼儿之间的关系，参与幼儿园的教育管理活动。"

2. 制定家委会成员选择标准

除了责任心等隐性条件外，选择家委会成员时，教师还需要制定明确的选择标准，主要考虑家长的职业背景、社会资源和家庭教育经验等因素，以确保家委会成员的多样性和代表性。具体来说，主要包含以下五点：

（1）愿意为班级家园共育出谋划策，以正能量形象带领班级家长共同参与教育教学活动，团结班级全体家长，提升班级凝聚力。

（2）及时向教师反映家长近期关注的问题，如保教水平、教育质量、幼儿发展水平、家长需求等问题，形式可以多种多样，以便教师进行调整、改进。

（3）能协助教师组织并管理好班级的家园共育活动，积极参加幼儿园的家委会会议等各项活动，及时传达最新教育动态和发展信息。

（4）能定期召开班级家委会例会，为班级活动群策群力，配合幼儿园开展各项活动。

（5）协助教师组织并合理安排班级家长参与志愿者等工作。

提示：提出的要求要具体，让家长一目了然，明确分工职责。

3. 公开选拔程序，综合评估与选拔

家委会的选拔程序应公开透明，让所有家长都有了解和参与的机会。可以通过幼儿园的公示栏、家长会议等线下渠道或者通过班级微信群等线上渠道发布选拔通知，通知中需要明确选拔时间、地点和方式。同时，要设立监督机制，确保选拔过程的公平、公正和公开。

如："家长您好，家委会成员选拔将于×年×月×日（星期×）×点举行，届时将采取线上选拔的形式，通过班级群小程序进行投票，每个家庭可以投一票。如您想参选，请提前私信班级教师，报名时间截至×年×月×日（星期×）×点。谢谢。"

在选拔过程中，要综合考虑家长的意愿、能力和实际情况，采取多种方式进行评估。可以通过面试、投票等方式了解家长的想法和态度，也可以通过问卷调查等方式了解家长的教育观念和教育方式。最终，根据评估结果和班级实际情况，选出合适的家委会成员。

提示：教师可以逐个介绍家委会参选者，让其他家长了解情况。

4. 加强对家委会成员的管理与指导

选出家委会成员后，要加强管理与指导，提升家委会成员履行职责的能力和水平。可以通过定期召开家委会会议、组织培训活动等方式，帮助家委会成员了解学校的教育理念和管理要求，提升其参与幼儿园教育管理的能力。

总之，选出合适的家委会成员是班级管理工作中的一项重要任务。通过以上四个步骤，选出具有代表性的家委会成员，可以为班级的发展提供有力支持。

（北京市朝阳区丽景幼儿园　许馨瑶、王岩、刘琳）

• 难题 5 **可以给初入园的幼儿家长哪些温馨提示？**

引言：幼儿从熟悉的家庭来到幼儿园，陌生的环境和陌生的人，容易让刚满三岁的幼儿在心理上、身体上感到些许不适。作为教师，我们不仅要帮助幼儿顺利度过入园焦虑期，而且要帮助家长缓解对孩子的种种担心，给予家长一些温馨提示。下面是结合幼儿初入园的常见行为表现给家长的一些建议，以期帮助家长和孩子顺利度过"入园关"。

1. 引导家长做好心理准备，使其了解适宜的态度和做法能帮助孩子顺利度过焦虑期

如告诉家长："入园初期，您和幼儿都有可能会出现分离焦虑现象，这是非常正常的。请您不用太担心，尽量不要在孩子面前表现出焦虑的情绪，以免影响孩子。要做好心理准备，咱们一起帮助孩子尽快度过分离焦虑期。"

2. 帮助家长了解幼儿入园焦虑的一些行为表现

如哭闹着不来园，或者在园门口分别困难，不能提幼儿园，一提就哭，夜里做"噩梦"，在家更加黏人，容易生病，食欲缺乏，脾气变大等。

3. 了解出现这些行为的原因

（1）环境的变化

幼儿园的集体生活环境不同于家里，新环境的变化会让幼儿产生不安全感，从而产生分离焦虑的表现。

（2）看护人的变化

由父母看护转为祖辈看护或由老师看护等，幼儿也要经过一定的时间来适应新的看护人。

（3）生活方式的变化

幼儿在园属于集体生活，需按一定的作息参加幼儿园各种活动，与在家的生活方式有很大的区别。每个孩子表现出来的焦虑方式是不一样的，家长们也不用过度焦虑。

4. 帮助孩子适应新环境的具体措施

（1）家长调节自身态度和情绪

温柔地安慰孩子，可以抱抱或安抚幼儿等。如果孩子特别黏某位家长，入园初期尽量先不要让这位家长送孩子。孩子情绪好时可以聊聊在幼儿园的生活。尊重孩子，如果孩子不愿意说幼儿园的事也不勉强，可以利用晚间亲子时间，和孩子一起读读关于"我上幼儿园了"的绘本故事，帮助幼儿缓解第二天的入园焦虑。加强与教师的沟通，了解孩子的在园情况，相信教师，与教师配合。

如家长可以说："你已经长大了，可以去幼儿园了，去认识新的老师和朋友，学习新的本领，让自己变得更厉害；你在幼儿园都做了什么有趣的事情？你做什么事情的时候感到非常开心？"

（2）理解孩子的情绪，帮助孩子适应幼儿园生活

第一，在自理能力方面，注重入园前期幼儿自理能力的培养。如穿脱衣服、如厕、洗手、喝水、使用勺子等，避免因为自理能力差而着急和担心，进而产成不愿意来园的情况。

第二，在语言表达方面，在孩子需要帮助的时候，鼓励他在家可以找大人，在幼儿园可以寻求老师的帮助等。告诉孩子大家都愿意帮助他，遇到困难不要害怕，要大胆地说出来。

第三，给孩子鼓励和肯定，用一些语言或动作（如伸大拇指、大大的拥抱等）肯定幼儿在幼儿园里哪怕一点点的小进步，增强孩子的自信心，让他们对上幼儿园充满期待。

第四，给孩子准备"安慰物"。孩子喜爱的玩偶或小被单，都可以在午睡时起到安抚的作用，入园初期可携带来园。

第五，周末给孩子"小奖励"。利用周末时间，家长也可以和孩子说一说这一周在幼儿园的种种表现。鼓励孩子要坚持上幼儿园，相信孩子一定可以做到。如："你很勇敢地去幼儿园，和老师一起游戏很快乐，非常棒，相信你下周一定会坚持去幼儿园的。"

第六，为孩子提供必要的安全保障。孩子在园的一日生活中，经常遇到各种小情况，如衣服弄湿等，家长可以为孩子多准备几身

备用衣物装进书包。同时在每日入园前，检查孩子书包、口袋、手里有无危险物品等，通过故事、动画的形式，循序渐进地和孩子说一些来园、在园、离园的安全小知识。

（北京市朝阳区丽景幼儿园　赵宇佳、卢杰、蒋华青）

● 难题6　长期不来园、爱生病的孩子，如何关注、沟通？

引言：每个孩子的背后都有其独特的生活环境和成长经历，这些因素都可能影响他们的健康状况和入园意愿。幼儿园有时会出现长期不来园且容易生病的孩子，这需要家长和教师共同合作。作为教师，我们应更加关注这些孩子的身体情况，做好家园之间的沟通，让幼儿感受到教师的关心和关怀。

针对长期不来园、经常生病的孩子，我们应该怎么办呢？

1. 与家长沟通，提供专业支持

（1）深入了解情况

主动与孩子的家长进行深入沟通，了解孩子长期不来园和易生病的具体原因。可能是孩子的身体有特殊状况，或者是家庭环境、生活习惯等因素导致的。如："您好，我是××的老师，宝贝很久没有来园了，最近身体怎么样了？在家里情况怎么样？"

（2）表达关心和理解

向家长和孩子表达幼儿园方面的关心和理解，强调孩子的健康和快乐成长是最重要的，让他们感受到来自班级教师的温暖。如："××妈妈，您好，孩子身体好点了吗？您别太着急，也要注意身体。最近，班级开展了一些有意思的活动，我也会推送给您，您可以给孩子看看，丰富一下孩子在家的生活。您有什么事情可以及时跟我联系。"

（3）提供健康建议

向家长宣传健康知识和疾病预防方法，增强他们的健康意识。根据孩子的具体情况，向家长提供一些健康建议，如合理饮食、规律作息、适度运动等。

（4）做好返园准备

了解孩子在家的饮食和生活情况，当孩子身体状况允许时，可以为返园生活做好准备。告知家长孩子可能会有焦虑和担忧的情绪，表示教师会关注和照顾孩子，让家长放下顾虑。如："××妈妈您好，之前听您说孩子身体恢复得挺好，现在情况怎么样了？宝贝病好后返园有什么需要我们注意的吗？比如吃、喝方面。由于宝宝居家一段时间了，可能再来园时会有点小情绪，您也别太担心，我们会多关注。如果有什么特殊情况也会及时跟您联系。"

2. 与幼儿沟通，保持良好的师幼关系

（1）送去教师的关爱

与孩子沟通时，要采用温和、亲切的语气和方式。用温暖的语言和态度安抚孩子的情绪。可以询问孩子最近的生活、兴趣爱好，拉近彼此的距离。

（2）邀请孩子回园

当孩子身体状况允许时，可以邀请他们回归幼儿园。教师可以分享一些幼儿园里有趣的事情、幼儿园里的快乐时光，并表示好朋友们都在等待他，让孩子感受到回归的期待和喜悦。

如："××小朋友你好呀，老师和小朋友都想你啦，你好些了吗？在家要好好听爸爸妈妈的话，小朋友和老师在等着和你一起做游戏。幼儿园的大滑梯、摇摇马、毛毛虫也都很想和你一起玩。最近幼儿园的小兔子要搬家啦，等你身体好了快来看看它搬到哪去了。期待你健健康康地回到咱们班。"

3. 其他注意事项

（1）给予及时关注和照顾

幼儿回园后，要给予孩子关注和照顾，了解他们的身体和心理需求，及时提供帮助。根据孩子的身体状况和兴趣爱好，安排适宜的活动和游戏，让他们在轻松愉快的氛围中逐渐适应幼儿园的生活。同时，也可以邀请一些好朋友来陪伴他们，减轻他们的孤独感和焦虑情绪。

（2）运用多种形式积极向家长反馈

积极向家长反馈孩子在园内的表现和健康状况，尤其注意回应家长担心的问题，让家长放心。对于长期不能来园的幼儿还可以通过视频电话、家访等形式进行联系，让孩子感受班级和教师的温暖。

总之，针对长期不来园且容易生病的幼儿，我们要与家长保持密切沟通，了解孩子的身体状况和需求，提供必要的关心和支持。同时，我们还要做好孩子在园的保育、教育工作，确保他们能够在舒适的环境中健康成长，一起安全度过幼儿园的快乐生活。

（北京市朝阳区丽景幼儿园　任颖、颜国东、张梦迪）

● 难题 7 　特殊儿童的家长觉得在幼儿园成长得太慢，如何沟通？

引言：小三班的小 y 刚刚来园时，不喜欢与人交往，当其他人都能参与到教师组织的游戏时，他却站在旁边一动不动，从不与人对视说话。经过与家长沟通了解到：专业机构对孩子给出的诊断为发育迟缓，有孤独症倾向。沟通中，家长一再强调不是孤独症，而是有这方面倾向，通过干预和帮助，孩子是可以赶上正常幼儿的发展水平的。还有，家长觉得孩子在幼儿园里成长得太慢，时常给班级教师下达"指令"，要求促进幼儿快速发展。如排队一定要让他站在第一名，和小朋友游戏时要让他离老师最近，老师要看着他的眼睛等。

基于以上情形，班级老师该如何与家长沟通，才能达到家园共育效果最大化来支持小 y 的发展呢？

从以上的描述中，我们可以关注到几个关键内容，如：家长一再强调不是孤独症，而是有这方面倾向，通过干预和帮助，孩子可以赶上正常幼儿的发展水平；家长要求教师促进孩子快速发展。从这些内容可以发现，家长不愿意承认幼儿的现有情况，对其抱有较高的期待；通过陪同参与干预，对于干预的方式方法有一定的了解，希望幼儿园老师能够掌握相应的方法促进幼儿快速发展。因此，针对焦虑不安型特殊儿童的家长，我们更应该耐心沟通，在舒缓家长焦虑情绪的同时，做好家园共育工作。

1. 尝试与家长共情，理解他们的情绪

焦虑不安型特殊儿童的家长对孩子的成长和进步非常担忧，具体表现为：每天在幼儿园墙外等能看到的地方，观察幼儿的在园表现；关注他与同伴、教师的互动情况；频繁与教师进行沟通，了解幼儿发展情况。

教师在与家长沟通时，首先要能够理解、认同家长的情绪。面对家长的不理解、质疑甚至可能会产生的愤怒情绪，我们要尝试通过沟通的方式缓解家长的情绪，如"我特别理解您的心情，家长都希望孩子健康、快乐。"

2. 多方式记录，常向家长反馈

这些家长与普通家长相比较，更不愿意听到孩子的不足，容易产生更多焦虑不安的情绪，甚至会因此对教师产生不满与不信任。对于幼儿发育迟缓的问题，教师可以尝试降低发展目标，明确在营养与喂养、生活与卫生习惯、动作、语言、认知、社会等方面的具体观察内容，并用图片、视频、白描式文字记录的方式，观察幼儿在不同方面的发展，将幼儿点滴的进步反馈给家长，保证反馈内容的真实性。在了解幼儿在园发展情况的基础上，给予家长信心与支持。

3. 善用"三明治"沟通法则

"三明治"沟通法是一种有效的沟通技巧，它通过将负面信息包裹在正面信息之间来减少负面影响，从而提高沟通效果。为了更好地帮助幼儿发展，教师不能只反馈幼儿好的地方，当不太好的行为出现时，同样要第一时间向家长反馈，引起家长关注并共同找到解决策略。

第一步，先给出肯定的反馈，让家长感到被重视和尊重。

如："经过上次咱们的共同发现与调整，减少高糖水果后，最近小 y 在园里没有再拉裤子了，真为他高兴，看来我们还得紧密配合呀！"

第二步，提供需要改进的建议或反馈。

如："但是最近发现孩子不爱喝水了，户外活动回来之后也不愿意接水喝，这个得引起咱们的关注了。不知道孩子最近在饮水方面是否有变化，是不是有他认定的杯子、水壶？如果有，您可以明天带过来，我们再观察一下。"

第三步，再用积极的反馈作结尾，这样可以缓解负面情绪，同时让对方感到认可和支持。

如："家长，您也别着急，咱们一起解决！在班级里，我们多加观察，看看这个方法是否奏效。您也可以再咨询机构，看看他们有没有更专业的解释和办法，我们都试试看。"

4. 用专用知识助力家长育儿

作为幼儿园教师，我们虽然掌握了基础的幼儿教育学、心理学，但是对于特殊教育的专业知识掌握得还不到位。如果班级出现类似的幼儿，教师自身也需要提高专业能力，才能在与家长沟通时给予一些专业的建议，更好地帮助家长了解幼儿的成长规律。

（北京市朝阳区枣营幼儿园　常鹏、王琪、李飞荣、郭雅军）

难题 8　幼儿在园外的纠纷找到班级教师解决，该如何沟通？

引言：幼儿园是幼儿人际交往的重要场所，也是他们接触社会的第一步。在幼儿园生活中，幼儿之间或主动或被动地发生着相互作用。正是在这样的交互作用中，幼儿学会了与人交往，学会解决问题，学会了待人接物。在实际交往中，幼儿之间的交往也会伴随着"摩擦"。当幼儿不能独立解决这些矛盾的时候，教师和家长就要起到积极引导的作用。作为教师，在处理这些交往过程中的问题时，既要关注幼儿也要关注家长，避免因此带来的家园矛盾和家庭间的矛盾。

在幼儿园内发生矛盾，教师能第一时间处理。但如果在园外，幼儿之间发生了矛盾纠纷，家长找到教师希望协助处理，教师该如何做、如何沟通呢？

1. 明确幼儿有无伤情

首先要确认双方幼儿有无伤情，这样做，既可以安抚家长的情绪，也为后续处理提供了依据。如："安安妈妈，您别着急，孩子现在怎么样，受伤了吗？具体发生什么事儿了？您跟我说说！"

提示：通过与家长的沟通，教师要了解幼儿的伤情并及时安抚家长情绪。主要有以下三种情况：第一，如果没有伤情，以安抚幼儿及家长情绪为主，试图让家长保持情绪稳定；第二，有伤情，可建议及时带幼儿就医，以幼儿身体健康为重；第三，有伤情，家长已带幼儿到医院处理过，以询问伤情关心幼儿为主，同时了解事件发生的过程。

2. 接纳家长及幼儿的情绪

（1）接纳家长的情绪

在此类事件中，家长找到幼儿园，通常是想要"一个说法"，或者是有人与他共情，帮助他排解心中的不悦。这时，教师应该积极与家长沟通，帮助家长理解幼儿之间的"摩擦"是其社会性发展中的一些表现。

教师与家长共情有以下表达角度：第一，可以从孩子的身体健康方面与家长共情，理解家长焦虑的心情；第二，可以从社会交往的角度，帮助家长分析幼儿的年龄特点，结合日常班级中的表现，说一说孩子在交往中的特点及发展方向，此时也是一个转移家长关注点的机会；第三，教师要明确表示，会在班级中对幼儿开展社会交往相关的活动，支持幼儿更好地解决与同伴的矛盾。

（2）接纳幼儿的情绪

教师回到班级后，可以分别找到发生纠纷的幼儿，以幼儿陈述的方式，尽可能地还原事件，了解事件的经过。

教师与幼儿沟通可从以下角度进行：第一，鼓励幼儿更多地表达对于这件事的看法和想法，疏解心中的情绪；第二，教师可以引导幼儿学会换位思考，鼓励幼儿说出更多解决冲突的办法，而不是靠"武力"解决。

3. 鼓励幼儿自己解决问题

了解事件后，教师可以将发生纠纷的幼儿叫到一起，鼓励他们自己解决问题。

如："刚才老师已经了解了整件事情的经过，你们认为这件事应该怎么解决呢？"鼓励一人主动道歉，引导另一人接受道歉，并使他们意识到，同伴之间的冲突可以有多种解决办法。

提示：在幼儿和平解决矛盾后，可以开展社会性交往的相关活动，支持幼儿了解多种解决同伴之间矛盾的办法，将其转化为班级全体幼儿的活动。

4. 事后沟通

教师在班级内解决完幼儿之间的矛盾后，还需要分别找到双方家长，将处理过程与家长做沟通，向家长进行及时的反馈，表扬和肯定幼儿自主解决问题，更好地让家长了解到教师已用正确的方式帮助幼儿解决了问题。

提示：教师应向家长转述幼儿解决问题的过程，对幼儿解决矛盾的方法和结果表示认同和赞扬，使家长相信，幼儿有能力解决生活中的问题。

（北京市朝阳区枣营幼儿园　胡玉杰、刘祎玮、
郭美琪、杨京蕊）

教师与家长沟通篇

• 难题 9 家长问：孩子不爱在幼儿园大便，总是憋回家，怎么办？

情景描述： 嘟嘟妈妈反映孩子上了幼儿园后，宁愿自己憋着回家拉便便，也不愿意在幼儿园拉。孩子长时间憋便对身体非常不利，嘟嘟妈妈非常担心孩子憋便这件事，总是嘱咐老师要让孩子有便意就及时去解决。作为老师，你该怎么和家长沟通呢？

1. 站在孩子的角度，向家长说明原因

（1）环境陌生，孩子缺乏安全感

不仅是孩子，不少成年人到了陌生的地方后，也会改变排便习惯。对小班孩子来说，从熟悉的家庭来到陌生的幼儿园，全新的环境让他们缺乏安全感，他们会非常紧张。并且家里多是坐便，而多数幼儿园使用的是蹲便，便器的不同也会导致孩子不爱在幼儿园大便。

（2）心理紧张，孩子会怕生害羞

在幼儿园上厕所往往是集体环境，是非封闭性的，有时候拉个便便可能会被小朋友围观，孩子心理上会紧张，无法放松下来。长时间拉不出来，或拉出来后被其他小朋友"取笑"，这些都会给孩子造成心理压力，也会导致孩子不愿意在幼儿园大便。

2. 家园携手，共同应对

（1）告知家长教师在幼儿园的做法和教育策略

如会引导孩子正确面对"大便"，如阅读绘本、聊聊大便后的心情；创设班级环境，如在园大便可以给予小奖励，把拉大便作为一件"骄傲"的事情。

（2）教师提前了解幼儿在家的大便习惯

如大便时间是否固定、是否需要成人陪同等。

（3）家园配合的几点提示

①调整孩子的排便习惯。如果孩子对在园大便较为排斥，可让家长适当调整孩子的排便习惯，如让孩子早上在家排便。

②尝试教会孩子擦屁股的方法。孩子不愿意在园大便，往往可能是不会擦屁股，担心没人帮忙，家长也可教会孩子擦屁股的方法。

③可尝试周末带孩子在外面大便。周末带孩子外出时，可有意识地引导孩子使用公共卫生间的蹲便器，充分体验和适应不同的如厕环境。

（北京市朝阳区枣营幼儿园　郝佳雪、包梦夏、

邓瑞红、许京磊）

● 难题 10 **家长问：孩子在家不生病，一上幼儿园就容易生病，是不是班级有生病的孩子？**

情景描述： 格格很长时间没有来幼儿园了。来幼儿园几天后，格格就生病了，需要在家中休息。老师致电格格家长，追访格格的情况。格格家长疑惑地问："老师，咱们班里是不是有孩子生病了？格格在家里从来不生病，一来幼儿园就会生病，又要接回家休息了。"作为老师，你该怎么回复家长呢？

孩子年龄越小，家长对孩子的健康问题越敏感。在做此类型家长工作时，教师应从家长角度出发，以孩子健康为中心，安抚家长情绪、解答家长疑惑，搭建家园顺畅沟通的桥梁，形成良好的家园互信关系。

1. 关怀孩子情况，安抚家长情绪

第一，孩子的健康状况是第一位的。教师要详细了解孩子的情

况。孩子生病后，受到身体不适的影响，可能会产生心理不适的情绪。教师要向家长表达对孩子的关心之情，了解孩子目前的情况，如："孩子现在怎么样了？""孩子好些了吗？"需要注意的是，在平日里，教师也要关注每一个幼儿的体质情况、健康情况，做到及时与家长沟通，或在与家长沟通时，结合孩子平日的状况向家长说明。

第二，家长的话表达了其焦虑、担心的情绪，教师要及时疏导家长的焦虑之情。幼儿的情况牵动着家长的情绪，当家长表达疑问时，教师首先要做的是换位思考，理解家长的心情，与家长共同分担忧虑，如："孩子生病妈妈是最辛苦的""我特别理解您的心情""我也特别心疼孩子"。需要特别注意的是，由于3～6岁的孩子年纪太小，有时不能清楚地自我表达，这是家园沟通要面临的基本状况。因此，教师与家长沟通时，要做到实事求是，通过真诚、坦诚的沟通方式，打消家长的疑虑，构建家园互信关系。

2. 介绍园内卫生工作，减轻家长顾虑

（1）向家长如实说明班级情况及班级所做的卫生保健工作

若班级中没有生病的孩子，教师可直接向家长说明情况；若班级中有生病的孩子，教师要避免向家长隐瞒，而是以合适的方式向家长介绍班级现状。比如："最近，受到换季影响，班中确实有生病的孩子。"同时，教师也要向家长介绍班级中的卫生保健工作，如餐前餐后的清洁整理，班级中玩具和物品的清洁频率，以及班级其他的消毒工作情况等。

（2）教师向家长介绍一些预防传染病的方法，帮助家长解决育儿困惑

为减少家长的担忧，教师可以结合季节、幼儿年龄特征、疾病特点等内容向家长有针对性地介绍一些预防传染病的方法。如："春秋季是传染病高发期，在家中您一定要提醒孩子多喝白开水，

吃水果蔬菜，减少去人员密集的地方。平时可以下楼带孩子去公园做做运动。咱们最近学了新的体操，可以陪孩子在家中练一练，增强抵抗力。"

3. 开展健康领域活动，鼓励幼儿自主分享

教师平日里也要注意在班级中开展健康领域活动，向幼儿宣传基本的传染病防控知识，如：饭前便后洗手、咳嗽或打喷嚏时捂住口鼻、多吃健康食品、多喝白开水、多运动等。教师可根据幼儿的年龄特点，利用生活活动各环节，为幼儿设计一些游戏活动，如喝水打卡、光盘活动等，培养幼儿健康生活意识；也可以为幼儿设计一些有趣的体育活动，激发幼儿参与体育运动的兴趣，增强幼儿体质；还可以设计一些健康领域的亲子活动，鼓励幼儿在家分享园内学到的健康小知识，让家长了解幼儿园的教育内容，增加理解和互信，做到家园一致。

4. 持续关注生病幼儿，做好后续沟通工作

教师要多关注生病的幼儿，及时跟进了解幼儿的情况，向幼儿表达关心关爱之情，为家长解答疑惑。一方面，如幼儿病情发生变化，教师及时了解情况，可以向家长提供相关支持；另一方面，如幼儿逐渐康复，教师可做好幼儿返园前工作。幼儿返园后，教师要多关注幼儿的身体健康状况，与家长做好及时沟通。

（北京市朝阳区丽景幼儿园 盛朝琪、刘思怡）

（北京市朝阳区教师发展学院 王艳云）

·难题 11 家长问：最近孩子晚上在家睡觉时总会哭闹着醒来，是不是在幼儿园有不开心的事情？

情景描述： 晚离园时，阳阳妈妈向老师反映："孩子放学回家情绪不错，表现也很高兴，但最近晚上半夜总会哭醒，我们就抱着安慰他。早上问他昨晚梦到什么了？他总是说不知道。这个现象近一周总是发生，我们很担心，想询问老师他是不是在幼儿园有什么不开心的事情？还是和小朋友之间产生了摩擦呢？"面对家长的担忧，你该如何做？

1. 与家长沟通，了解幼儿情况

首先，教师与家长沟通，详细了解孩子在家哭闹的情况。

（1）了解孩子哭闹的时间段和频率

如：孩子一般什么时候会闹情绪？一周里，孩子哭醒的频率如何？孩子是否有做梦的情况？

（2）了解幼儿近期的睡前准备活动

如：有没有睡前吃东西的习惯？家长是和孩子一起看书，还是共同观看喜欢的动画，或是共同游戏？教师根据孩子在家的具体情况，再提出相应的建议，如睡前做一些安静的活动。

（3）了解幼儿的看护情况

如：孩子入园前一般是由谁看护？是否因为幼儿入园，家中主要照顾幼儿的人员、陪睡的人员产生了变动，导致幼儿睡觉不安稳？

2. 结合幼儿活动，分析哭闹原因

教师可向家长说明幼儿园午睡前的准备和活动，结合幼儿在家哭闹的具体情况，分析幼儿哭闹的原因。

（1）睡前、睡后活动可能会影响到幼儿的睡眠及情绪

该年龄段的幼儿身心发育并不完善，既容易兴奋，又容易疲惫。在幼儿园，幼儿午睡前，教师会通过散步帮助幼儿消化午餐，同时也会通过讲故事、儿歌、简单的手指谣以及轻柔的歌曲来使幼儿安静下来。幼儿午睡结束时，教师会通过舒缓的音乐唤醒幼儿，使幼儿在睡觉前后均能保持较为平和及安静的状态。

（2）新环境带来的情绪体验会影响幼儿的睡眠

对孩子来说，幼儿园是一个陌生的环境：陌生的教室、陌生的

伙伴、陌生的规则。在适应过程中，幼儿可能会有心理压力，导致半夜哭闹。

（3）生长发育带来的不适感导致幼儿哭闹

在生长发育的旺盛时期，幼儿骨骼生长过快所导致的一些生理上的不适，多发于夜间，尤其是睡眠过程中，这就可能会让幼儿突然醒来并哭闹不止，影响幼儿睡眠质量。

3. 给予家长家庭教育策略

（1）分享快乐体验

家长可以主动与幼儿谈论幼儿园开心的事情，如："你今天发现了什么好玩的玩具？学到了什么新儿歌、歌曲和舞蹈？"通过沟通，让幼儿感到开心和快乐，增加正向的情绪情感支持。

（2）利用教师资源

家长可以利用教师分享的幼儿在园活动的照片和视频，与幼儿共同观看并讨论，回忆在幼儿园的欢乐时光。

（3）调节家庭氛围

家长要保持积极乐观的心态，对于上幼儿园这件事保持平常心，让幼儿认为上幼儿园是很平常的事情，不必过度焦虑。

（4）阅读绘本故事

可以与幼儿一同阅读关于睡眠、梦境和情绪相关的绘本图书，让幼儿认识和理解自己的感受，帮助幼儿积极面对"哭醒"这件事。

（5）减少兴奋的睡前活动

睡前尽量减少一些可能让幼儿兴奋的活动，可以通过听音乐和讲故事的方式来安抚幼儿情绪。

4. 适当给予幼儿支持

（1）肢体和语言鼓励

教师可以通过拥抱、摸摸头、击掌和拍拍肩膀等方式让幼儿感受到温暖和爱护，同时用积极的语言肯定幼儿的努力和进步。也可以向家长解释：我们会与幼儿抱一抱、聊一聊，让幼儿相信老师、喜欢老师，与老师保持亲近的关系，让幼儿敢于表达自己内心的意愿。

（2）同伴交往和活动支持

鼓励幼儿与同伴交往，开展相关的社会活动，如《我的好朋友》《我的老师》《我的小标记》等。好的活动能帮助幼儿更好、更快地熟悉班级幼儿和老师，增加归属感。

（北京市朝阳区丽景幼儿园　马颖、郝梦凡）

● 难题12 **家长问：最近孩子每天早上上幼儿园之前总是情绪激动，闹着不想去，是怎么回事？**

情景描述：开学已经有一个月了，每天早晨，无论是在家里还是在幼儿园门口，高高的情绪都很激动，每次都是大哭大闹地走进幼儿园的大门。高高妈妈对此也很苦恼，每天都会询问老师孩子的在园情况。作为老师，你该怎么和家长沟通呢？

1. 和家长共情，分析孩子情绪激动的原因

第一，对高高来说，幼儿园是一个全新的环境，陌生的人和事物可能让她感到不安和害怕。平时高高由奶奶带，没有离开过奶奶，对奶奶有着强烈的依恋关系，当与亲人分离时，她可能会感到不安和失落。高高是一个性格较为敏感、内向、胆小的女孩，这些性格特点可能使她更容易产生分离焦虑和情绪激动。

第二，高高的生活规律发生了改变，幼儿园的作息时间和活动安排与家庭不同，这打乱了她原有的生活习惯。幼儿园是一个小社会，幼儿需要与其他孩子共享空间和资源，也会面临社交压力。参加集体活动对一些幼儿来说是一种挑战，有的孩子不太习惯与多人一起活动。幼儿园还有一系列的规则和限制，幼儿需要时间来理解和适应。对幼儿园、班级新环境中的规则、秩序等不了解，也容易让高高在去幼儿园时情绪激动。

2. 家园共育，指导家长缓解幼儿入园焦虑的方法

（1）指导家长建立一个"告别"仪式，和孩子约定接送时间

教师可以指导家长建立一个接送幼儿的小小仪式。如："妈妈要去上班了，等到下午，妈妈就会出现在幼儿园了。"也可以利用"魔法亲亲"让孩子把爱装进自己的"口袋"，建立一种安全感。让孩子明白，爸爸妈妈只是暂时离开，等到放学就会回来。如若孩子哭闹，家长可以轻轻抚摸孩子的背，拥抱孩子。教师也可以引导家长先试着领幼儿走进园里，送到班级门口，给予孩子舒缓情绪的时间。此外，如果家长答应接送孩子放学，就要信守约定，尽量不更换接送人，这有助于降低孩子的焦虑感。

（2）引导家长在家进行角色扮演或者适当增加分离时间

鼓励家长和幼儿在家模拟上幼儿园的场景，如幼儿扮演老师，家长扮演小朋友，鼓励幼儿将幼儿园发生的事情进行模拟。入园前，家长也可以和孩子进行循序渐进的分离练习，逐步增加分离时间。最开始可以借机上洗手间，分开 3 分钟；之后再借口去别的房间打个电话，离开 10 分钟。如果发现孩子适应得不错，就可以选择出门，下楼 15 分钟再回来，慢慢延长到 2 小时、半天，再到一整天。

（3）通过家园共育的方式，引导家长给高高找一个同班级的固定玩伴，帮助高高建立来园的动机

教师和家长可以观察高高在班级中是否有特别亲近或偏爱的小伙伴，或者是否有邻近住址的朋友能经常一起玩耍。若有这种情况，可以适当安排时间让小朋友们相聚。通过与固定伙伴的互动，

能增加孩子们的熟悉感和游戏乐趣。这样，当孩子在陌生环境中遇到熟悉的面孔时，他们会更容易感到放松，进而提高对全新环境的适应能力。

3. 畅通沟通渠道，定期向家长反馈

教师可以利用照片、视频、观察记录等多种方式记录孩子的成长变化。例如，教师可以和家长分享高高的在园情况，"今天高高进班之后情绪就稳定了""今天高高在娃娃家和小朋友们一起做饭呢，做好了之后还主动请老师吃。"与家长分享高高在班级的具体活动内容，让家长及时了解孩子在园的一日生活活动，让家长放心，拉近家长和老师的距离。同时，鼓励家长发现幼儿的闪光点，如："今天你开开心心地去幼儿园，还制作了一个美工作品，大家都很喜欢。"家长及时表扬与肯定孩子的进步，能正向强化幼儿的行为。

（北京市朝阳区丽景幼儿园　卫德玉、张晓飞）

难题 13 家长问：孩子晚上一回家后就开始耍赖，自己的事情不做，老让家长帮忙做，怎么办？

情景描述：祺祺妈妈反映，最近孩子回家之后总是让家长帮忙做事情，自己的事情也不愿意做，很多简单的事情还没有尝试就说不会，几乎会向每一位家庭成员寻求帮助，有时候连穿衣服都想让家长帮忙，如果得不到及时的帮助就会大哭耍赖。家长很头痛，不知道怎么引导，觉得孩子更愿意听老师的话，想向老师咨询应该如何应对孩子的这种情况。

1. 引导家长反思家庭教养方式

从家庭教养方式上来看，培养幼儿的自我服务能力并不是一蹴而就的，首先需要反思和判断家庭教养方式是否对幼儿自我服务能力的发展产生了影响。

在生活中，大多数幼儿都是由家长照顾看护，"包办代替"是很普遍的。原因有两点：一是幼儿年龄小，自理能力还不强，家长的养育习惯没有跟随幼儿年龄的增长而做调整，一直保持原有的成人替幼儿做事情的状态；二是有时候孩子做事情较成人来说更慢一些，家长担心孩子做不好或者做得慢，索性就直接替孩子做了很多事情。有的家长经常会说："有时候看孩子穿衣服又慢又不整齐，还不如我给她穿呢。"长此以往，幼儿自我服务的机会变少，自己做事情的积极性也就不强烈了。

2. 给家长提供帮助幼儿在家进行自我服务的方法

在家庭中，幼儿自我服务的机会和条件其实非常充足。很多亲子互动过程都是提升幼儿自我服务能力的宝贵机会。以下几种方法可供参考：

（1）借助绘本，帮助幼儿树立自我服务意识

向家长推荐一些关于幼儿自我服务的绘本，借助亲子阅读时间进行讲述，如《好习惯养成》系列绘本、《我会自己穿衣服》等。家长可以在阅读后和幼儿一起回顾和谈论故事中的内容，借助里面的儿歌、画面等激发幼儿自己做事情的愿望。

（2）游戏互动，激发幼儿自我服务欲望

游戏活动是幼儿学习的主要方式。在家中，家长参与游戏互动对幼儿的身心发展有着积极的推动作用。借助游戏，家长可以让幼儿获得很多自己尝试的机会，帮助幼儿逐步提升自理能力。例如：喂小动物的游戏可以提升幼儿独立使用餐具的能力。在游戏过程中，家长需要及时肯定和鼓励幼儿，耐心观察，适时给予帮助，切不可因为幼儿做得不好或者太慢而急于包办代替。

（3）挑选工具，强化幼儿自我服务行为

幼儿在3～4岁时，自我意识逐渐形成，他们喜欢"我"做主，

有时表现为我们常说的"逆反",有时表现为喜欢参与到之前很少参与的大人活动中。此时,家长可以根据幼儿的性格特点和日常兴趣爱好,为幼儿提供"做主"的机会,如为幼儿准备安全、适宜的工具,让幼儿参与到简单的家务劳动中。家长可以鼓励幼儿自己挑选工具,并支持幼儿的选择。

（4）充分信任,提升幼儿自我服务信心

家长在鼓励幼儿自主做决定、自己做事情时,要给予充分的信任,相信幼儿可以独立完成一些力所能及的事情,适当控制想要帮助幼儿的想法。同时,当幼儿遇到困难时,在保障安全的前提下,家长应根据幼儿的实际情况判断是否去帮忙。尽量放手让幼儿自己尝试,在这个过程中逐渐提升幼儿的自信。

3. 家园定期沟通,鼓励幼儿持续自我服务

家长和教师都是幼儿的重要教养者,家庭和幼儿园之间要协同共育幼儿,陪伴幼儿成长。家长与教师定期沟通,交流幼儿发展情况,持续地观察和引导幼儿自我服务,给予及时的、有针对性的肯定与鼓励。通过身边重要教养者的鼓励,肯定他们自我服务的行为,幼儿会在自我服务的过程中逐渐拥有自己可以做很多事情的自信。

（北京市朝阳区丽景幼儿园　张立双、仝菲）

• 难题 14　家长说:我们家孩子吃饭不好,希望老师多喂喂他,不然吃不饱。

情景描述: 在早入园的时候,家长用试探的口吻与教师沟通幼儿的进餐情况。家长说:"孩子回家以后总是说饿,我问他是不是在幼儿园没有吃饱呀?他就点点头。我家宝贝在家都是家里老人追着喂他吃饭，吃得也比较精细，怕孩子在幼儿园吃得不适应，自己吃饭吃不饱，希望老师能够多关注他，在进餐时能够喂一喂他。"

作为老师，你该怎么与家长沟通呢？

1. 倾听家长的表达，理解家长的担忧

耐心倾听家长的表达，了解家长的担心，与家长共情，从心理上与家长保持一致。如："的确，孩子的饮食直接关系到孩子的健康，我们理解您的担心，同时孩子的健康也是我们关注的重点。"

2. 了解幼儿的进餐喜好

了解幼儿在家进餐情况，是教师在班级管理中不可忽视的一环。在与家长沟通的过程中，通过家长的描述，教师可以了解幼儿在家进餐的时间、地点、食物种类、食量大小、饮食喜好等情况，以及家长对幼儿进餐的态度和指导方法。这有助于教师更全面地了解幼儿的生活习惯和成长需求，从而为他们提供更科学的指导和更有针对性的帮助。

3. 介绍幼儿在园进餐情况

幼儿在班级的进餐环境与家庭环境存在很大的区别，这也是幼儿进入幼儿园生活的很大特点。在与家长进行一对一的沟通时，教师向家长详细介绍幼儿园的进餐环节，以及孩子在园的进餐情况，如情绪、饭量、喜好等信息。结合家长的担心和顾虑做有重点的介绍。尽量采取面对面沟通的方式，例如利用晚离园或预约时间和家长当面进行沟通，尤其当幼儿出现进餐量过多或过少的情况时，一定要及时沟通，和家长一起分析孩子进餐问题的原因。当幼儿进餐量少的时候，提示家长回家适当补充。

4. 多渠道反馈幼儿进餐情况，缓解家长的担心

教师可以利用照片、视频等方式，及时向家长反馈幼儿进餐情况，这能够让家长更加直观地了解孩子在幼儿园的进餐情况，增强家长对幼儿园的信任感。同时，家长也可以通过这些照片或视频，与幼儿进行互动，鼓励幼儿在家中也保持良好的饮食习惯。

5. 巧出招，与家长共同寻找解决幼儿进餐问题的办法

教师可以针对个别幼儿的特殊进餐情况，与家长进行深入的沟通和交流，结合幼儿的实际情况，如过敏体质或需要特殊饮食的幼儿，与家长共同制定饮食计划，确保孩子在幼儿园的饮食安全、合理。

教师也可以向家长介绍激发幼儿食欲、培养进餐习惯等适合家庭开展的一些方法，如进餐时播放轻柔的音乐，使幼儿在轻松愉快的氛围中进餐；和幼儿一起制作食物，提高幼儿的参与感；给孩子讲一些关于健康饮食的故事，培养孩子健康饮食的意识；在制作时改变食物的外形，增加幼儿的进餐兴趣；进餐过程中鼓励孩子自己吃饭，减少追着给孩子喂饭的行为，营造积极和谐的进餐氛围；两餐间不给孩子吃零食，加强饮食的规律性等。

6. 邀请家长参与伙委会，了解幼儿园食谱制定的科学性

幼儿园的食谱制定都是有科学依据的，是根据幼儿身体发育的营养需要，结合季节等特点进行设计的，注重营养均衡、全面。邀请家长参与伙委会活动，了解幼儿园食谱制定的科学性，消除家长认为的"孩子在幼儿园吃不饱"的疑虑。

（北京市朝阳区丽景幼儿园　李莹、郭亚珊）

难题 15　家长问：孩子每天嘴巴总是干干的，是不是在幼儿园喝水少？

情景描述：鑫鑫妈妈向老师反映，鑫鑫最近又上火了，嘴巴总是很干。她说："孩子在幼儿园是不是喝水少呀，麻烦您让他多喝点水。"鑫鑫妈妈担心孩子喝水少容易上火生病，所以总是嘱咐老师让鑫鑫在幼儿园多喝水。

作为老师，你该怎么和家长沟通呢?

1. 巧说要求，多说方法

（1）和家长介绍幼儿园喝水要求

幼儿园的一日生活中有固定的喝水时间，每天不少于五次，在上午区域游戏后、户外活动前、户外活动后、下午起床后和户外活动前，老师都会要求幼儿喝足一杯水。除此之外，幼儿如果渴了可以随时自己去接水喝，所以幼儿一天的喝水量是能够满足其身体需要的。此外，教师也会重点关注个别不爱喝水和身体不舒服的幼儿，提示他们喝足水量。

（2）介绍班级通过多种方式鼓励幼儿多喝水

例如，在班级内创设了喝水墙，用搭高楼的游戏任务激发幼儿自主喝水，每个小朋友都有一块属于自己的"土地"，每喝一杯水就能用积木搭建一层高楼。一天时间结束后，幼儿看到自己的楼房越来越高会有成就感，也会互相和同伴分享自己的高楼。用这种"看得见"的形式鼓励幼儿自主喝水，也能使幼儿获得足够的喝水量。教师还会结合绘本，让幼儿跟随绘本中有意思的情境和角色，了解到喝水的重要性。随着幼儿进入中大班，教师会开展相关主题活动，如"身体里的水都去哪里了"，通过多种多样的活动让幼儿意识到喝水对身体的重要性，在探索和操作的过程中，引导幼儿主动喝水。

2. 多记录，常反馈

结合教师日常观察，向家长反馈鑫鑫的喝水情况。例如每次集体喝水环节在教师提醒下能接满一杯水；在自主饮水时教师会询问他是否需要饮水；在看到鑫鑫嘴干时鼓励他多饮水。同时也介绍发现的问题，如喝水不主动、喝水量不足等，表示后续老师也会多关注鑫鑫的喝水情况。

3. 介绍家园护理小窍门

（1）提升幼儿自理能力

幼儿在家中有家长照顾生活中的方方面面，他已经习惯了这样的照顾。当幼儿从家庭中进入幼儿园这样的集体生活环境，需要自己做的事情逐渐增加，如自己喝水、吃饭、穿脱衣物等，所以培养幼儿自理能力是学前教育阶段的目标之一，也是逐步发展幼儿的自我管理能力，为幼儿进入小学独立生活做准备。小班阶段的幼儿刚离开家，自理能力较差，父母可以逐渐减少替幼儿做事情的频率，通过提问和游戏的方式让幼儿自己去饮水，如"给小花浇水"。到了中大班则鼓励幼儿自主喝水。中大班幼儿已经具备了一定的自理能力，一般情况下可以结合自身需要去补充水量，家长可适当进行提醒，让幼儿将每天的喝水环节形成生活习惯，不需要成人提醒也能主动喝水，培养幼儿自我管理的能力。

（2）榜样的力量

幼儿阶段的特点是爱模仿，所以家长可以发挥榜样作用，在每次喝水的时候故意夸张语气或表情，如"今天的水好像有点甜"，吸引幼儿模仿成人，增加喝水量。

（3）结合季节特点

春秋冬季天气干燥，幼儿的皮肤比较娇嫩，嘴巴容易起皮干裂，可以给幼儿随身准备一支唇膏及时涂抹。除了喝水，平时也鼓励幼儿多吃蔬菜水果，补充维生素。

4. 给家长提供一些喝水的小游戏

生活中的很多小游戏都可以和喝水结合起来，增加喝水的趣味性，鼓励幼儿主动喝水。

游戏一：干杯喝水。各年龄段的幼儿都适合。喝水的时候和幼儿干杯，鼓励幼儿喝水。

游戏二：魔法饮料。适合小班和中班的幼儿。家长和幼儿互相给对方的水里施魔法，比如长高魔法、变聪明魔法、跑得快魔法等。幼儿在这种有趣的情境中会更愿意喝水。

游戏三：石头剪刀布。适合中大班幼儿。家长和幼儿玩石头剪刀布，谁赢了谁就可以喝一口水，谁先把杯子里的水喝完，谁就获胜。

（北京市朝阳区丽景幼儿园　张倩、杨晓、佟鑫）

难题 16 **家长说：孩子说在幼儿园没有朋友跟他一起玩，他不想上幼儿园了，觉得幼儿园没意思。**

情景描述： 近期，我们收到了小乐妈妈的反馈，她表示小乐在幼儿园不愿意与其他小朋友玩耍，经常一个人独处，甚至表达出对幼儿园的抵触情绪，觉得在幼儿园没意思，不想去幼儿园了。小乐妈妈对此感到十分担忧，担心孩子在幼儿园的生活孤单无趣，影响其身心健康。

作为老师，你该怎么与家长沟通呢？

1. 倾听家长心声，理解孩子情绪

询问小乐妈妈更多关于小乐在家里的表现、兴趣爱好以及可能影响他在幼儿园行为的因素。例如："您能跟我分享一下小乐在家里的一些喜好和日常活动吗？这可能会帮助我们更好地了解他。"我们理解小乐妈妈对孩子成长道路上的种种担忧与期望，也深切体会到孩子面对不同环境时的不安与困惑。孩子的情绪变化是他成长过程中的一部分，需要得到耐心引导和细心呵护。因此，我们和小乐妈妈约定，会时刻关注小乐在幼儿园的动态，用心观察他的情绪变化，及时与他沟通，帮助他尽快适应幼儿园的生活。

2. 分析幼儿特点，探寻问题根源

通过深入观察小乐在幼儿园的表现，我们进行了细致的分析。小乐性格内向，较为慢热，这种特质使得他在面对不同环境时容易产生不安和紧张的情绪。在与小朋友相处时，他往往显得较为退缩，不善于主动表达自己的想法和需求。此外，我们也发现小乐在社交技巧方面存在不足，缺乏与同伴有效沟通的能力，这也导致他难以融入集体生活。

3. 制定针对性策略，帮助孩子找到朋友

针对小乐的情况，我们制定了以下策略来帮助他融入集体：

（1）创设温馨环境，缓解孩子紧张情绪

在班级中，精心布置温馨而富有童趣的角落，可以结合小乐家中让他觉得熟悉和放松的场景或物品，让小乐在幼儿园里感受到如家般的温暖与舒适。同时，我们鼓励小乐主动与其他小朋友交流玩耍，帮助他在大班新的环境中逐渐找到归属感，建立起珍贵的友谊。

（2）开展集体活动，增进孩子间的互动

为了让小乐更好地融入集体，我们组织了一系列形式多样、富有趣味性的集体活动。通过角色扮演、合作游戏等方式，小乐有了更多与其他小朋友互动的机会，不仅增进了彼此的了解，也培养了他的团队合作精神和社交能力。

（3）沟通社交技巧，提升幼儿交往能力

我们深知社交能力对于孩子成长的重要性，因此通过故事讲述、情景模拟等方式，让小乐了解一些基本的社交礼仪和沟通技巧。这些实用的方法让小乐学会了如何主动与人交流、如何表达自己的想法和需求，从而能更加自信地融入集体生活。

4. 加强家园合作，共促幼儿成长

（1）向家长介绍幼儿园提供的支持

如组织专门的社交活动，与小乐进行单独沟通等。教师可以对家长说："我们会在幼儿园里组织一些小组活动，帮助小乐更好地适应集体生活。同时，我也会找时间和小乐单独聊一聊，了解他的想法和感受。"

（2）与家长共同讨论策略

如在家中多与孩子沟通，了解他的想法和感受，给予他足够的支持和鼓励；适当地带孩子参加一些社交活动，如亲子游戏、社区活动等，让孩子有机会接触更多的人和环境，提升他的社交能力。

（3）与家长保持密切沟通

定期向家长反馈小乐在园的表现和进步，同时也听取家长的意见和建议，共同为孩子的成长努力。

5. 持续关注孩子发展，及时调整策略

告知家长老师会持续关注小乐的发展情况，并根据他的实际情况及时调整策略。孩子发生的变化及时与家长反馈，沟通家园双方近期对小乐采取的帮助策略以及小乐是否有改变，如果策略无效再进行更换或调整。在这个过程中，建立家长与教师的信任感。相信在双方的共同努力下，小乐一定能够逐渐适应幼儿园的生活，与小朋友们建立起深厚的友谊，享受快乐的童年时光。

（北京市朝阳区丽景幼儿园　陈鹏、林雪）

●难题 17　家长问：孩子说班级里有小朋友推她，不让她回家，是不是与小朋友闹矛盾了？

情景描述：禧宝爸爸反映，昨天禧宝回家后说有小朋友推她，不让她回家，问是否有这样的情况发生，是不是与小朋友闹矛盾了。

禧宝爸爸担心孩子在园被其他小朋友欺负，作为老师，你该怎么与家长进行沟通呢？

针对家长反馈的上述情况，教师先不要着急与家长详细沟通，不妨先向班级教师了解事情发生的"真相"，与班级教师达成一致。如情况允许，也要及时与孩子沟通，从孩子的角度了解"真相"，倾听孩子的真实想法。接下来，教师可以从以下几点与家长进行沟通交流。

1. 与家长同角度，让沟通更有温度

（1）面对面或语音电话沟通，拉近与家长的距离

当遇到此类情况时，教师可面对面或用打电话的方式与家长直接沟通，减少因文字信息理解偏差造成的不必要的误会。在沟通时，教师就家长反馈的情况进行详细了解，耐心倾听家长反馈的情况和问题，在彼此的交流互动中拉近与家长的距离。

（2）换位思考，将心比心，充分感受教师关怀

在交流沟通的时候不妨换位思考，站在"受伤"幼儿家长的角度理解家长此时担心孩子的心情，真实了解家长的需求。如教师可以这么说："您说的这个情况我已经了解了，首先我特别能理解您担心的心情，当您微信与我沟通后，我第一时间就和班中老师了解了情况，之后也和孩子进行了交流沟通，了解了昨天事情的真实情况，现在与您进行反馈……"

（3）专业角度分析原因，让家长更了解孩子

教师从专业知识角度，利用心理学、教育学等知识，帮助家长更好地了解这个阶段孩子的心理特征。

2. 与家长共分析，找出"矛盾"产生的原因

第一，小班幼儿入园时间较短，一方面他们的语言表达能力正在完善，还不擅于用语言表达自己的需求和想法；另一方面，同伴

交往能力不足，在遇到同伴交往问题时往往不能顺利地解决。

第二，小班孩子肢体动作正在发展，他们还不能很好地控制身体动作，经常会与同伴发生动作接触，出现不小心碰到同伴的情况，这种情况往往不是孩子故意做出的。并且他们还不能准确地区分"推""挤""抚摸"的动作，容易把轻轻碰一下说成"挤"，或者把"挤"说成"推"，这就很容易发生同伴之间的"矛盾"。

此外，孩子由于心理发展和认知的限制，容易出现想象与现实混淆的情况。小班孩子记忆精确性较弱，认知片面，具有局限性，在复述事情经过的时候，可能会出现与事实有偏差或者不符合现实的情况，如出现"我今天吃了20个包子""我能打败小怪兽""不让你回家"等这类的描述。

3. 与家长共计划，尝试以下新做法

（1）转变观念，化"矛盾"为教育契机

面对孩子之间的"矛盾"，我们应该正确引导，因为孩子正是在与同伴的一次次"矛盾"中，逐步学会与同伴交往的。作为家长，不妨把孩子之间的"矛盾"转化为教育契机，帮助孩子提升与同伴交往的能力。如教师可以这样说："当孩子出现'矛盾'后，我们首先要耐心倾听孩子的表达，了解事情的真相，给予孩子积极的引导，有效帮助他们处理同伴间的'矛盾'。同时，我们还会借助过渡环节时间与孩子们交流讨论，帮助孩子学会处理类似的情况。孩子们的每一次'矛盾'都是我们介入和引导孩子学习的教育契机，孩子也正是在此过程中慢慢积累经验，逐步学会同伴交往的。"

（2）正面"矛盾"，引导幼儿学会寻求帮助

小班孩子遇到同伴交往中的"矛盾"时，缺乏独立解决的经验，因此需要成人适时的引导。当家长得知孩子在园和同伴出现交

往"矛盾"时，要引导孩子主动将在园发生的情况告诉老师，如"老师，某某小朋友推我了"或"老师，您能帮帮我吗？"班中老师会在第一时间了解孩子的需求，并给予适当的引导。

（3）巧用亲子游戏，助力幼儿学会同伴交往

孩子的学习方式以游戏为主，在家的时候家长可以与幼儿玩角色游戏。家长可以创造游戏情景，如在游戏中都想玩一个玩具怎么办？家长可以引导孩子轮流玩、大家一起玩。当有的小朋友不想和自己一起玩的时候怎么办？家长要引导孩子接受有些小朋友不想一起玩的想法，在这个时候可以自己玩或者和其他的小朋友一起玩。在一个个游戏情景中帮助孩子大胆表达自己的想法和需求，同时学会更多的交往技能。

（北京市朝阳区秀园幼儿园　王婷、李乐、杨晶悦）

● **难题 18** 家长问：我们家孩子小，会不会有小朋友欺负她？

情景描述：果果今年 9 月刚上小班，老师就收到一条来自果果妈妈的信息。果果妈妈向老师提到：果果是 8 月底的生日，今年 9 月刚满三岁，是班里年纪最小的，而且当时出生时早产，孩子长得比较小，能力也弱一点，担心果果在班里被小朋友欺负。

如果你是老师，你该怎么和果果妈妈进行沟通呢？

1. 站在家长的角度，理解家长的担心

（1）体型或力量差异

如果孩子的体型较小或者体力不如同龄人，家长可能担心他们无法在身体冲突中保护自己。实际上，老师会时刻关注每个孩子的

行动路线，并在活动前强调安全要求，避免身体冲突发生。

（2）社交技能

年幼的孩子可能还没有发展出足够的社交技能来处理复杂的人际关系，包括如何应对欺凌或排斥。但是，老师会引导幼儿逐步学会一些社交技能，避免欺凌发生。

（3）经验不足

小孩子缺乏处理冲突和逆境的经验，因此在遇到欺负时可能不知道如何应对。如果真的有冲突发生，教师会帮助幼儿处理冲突，并提示幼儿有困难找老师，给予幼儿心理支持。

2. 站在孩子的角度，专业分析孩子心理

（1）感觉无力

孩子可能觉得自己个子小，或者年龄小，无法对抗欺负者，或者不知道如何为自己辩护。

（2）担心不被理解

孩子可能担心告诉大人后，大人不会真正理解他们的感受，或者认为这只是"小朋友之间的玩闹"。

3. 向家长了解"被欺负"的真实情况

（1）创设友好而平等的环境，确保家园对话发生在一个平等、友好的氛围中，这样会让家长感觉更舒服，更愿意分享他们家孩子"被欺负"的经历，以便于教师去了解孩子是真的"被欺负"了，还是假的"被欺负"。

（2）耐心倾听家长的讲述，并留意他们的肢体语言和情绪反应，这可以帮助教师更好地理解家长的感受。有可能是焦虑情况让家长产生了孩子"被欺负"的看法。

（3）如果家长透露了孩子"被欺负"的情况，教师应该肯定家长的感受，告诉家长你理解并接纳他们的感觉，而且不要责怪家长。同时对家长进行正向引导。

4. 引导家长正确处理

（1）倾听并认真对待

真正倾听孩子的诉说，不要轻视或忽略他们的感受。即使成人认为这是一件小事，对于孩子来说可能是一件大事。

（2）避免过度反应

虽然成人可能会感到生气或焦虑，但在与孩子交谈时，请尽量保持冷静，这有助于孩子更好地处理自己的情绪。

（3）教导应对策略

家长可以教孩子为自己辩护，如使用言语回应、寻求老师帮助或避免某些情境，而不是直接为孩子解决问题。

（4）鼓励开放式沟通

让孩子知道他们可以随时与家长分享他们的担忧和疑惑，而不必担心说出后会被批评或惩罚。

①使用开放式提问。以非指责的方式开始对话，使用开放式问题，例如"你今天在学校遇到了什么新事情?"而不是"有人欺负你了吗?"

②避免立即下结论。不要急于下结论或采取行动，先让孩子完全表达自己。

③讨论解决方案。一起探讨可能的解决方案，并鼓励孩子参与解决问题的过程。

（5）与幼儿园合作

如果"被欺负"事件发生在幼儿园，请及时与老师电话或者微信沟通，了解孩子在幼儿园发生的真实情况，还原事实，确认有无"被欺负"的情况发生。如有，请积极与老师合作，制定一个行动计划，避免类似的"欺负"情况再次发生。

5. 家园携手，积极应对

（1）与孩子沟通

向孩子传授一些基本的防身方法和应对策略，比如避免单独与欺负者相处，寻找老师或其他成年人的帮助等。在班级里提示幼儿，谁都不能暴力触碰其他小朋友的头、脸、眼睛、嘴巴和身体其他各部位，提示幼儿既要保护自己，又不伤害他人。

（2）及时跟进

定期与孩子交谈，了解他们的情况是否有所改善，持续提供教师的支持和关爱。通过多次对话，更好地了解孩子所面临的困境，并提供必要的帮助和支持。

（3）家园配合的几点提示

①调整孩子的位置空间。如果孩子身边总有几个"淘气"的幼儿跟随，教师可有意识地在物理距离上适当分开或调整，同时也可让家长提醒宝贝适当远离身强力壮的"淘气"幼儿。

②尝试教会孩子"躲闪"的方法。在不小心被别人碰触到时，要懂得躲闪，充分体验和适应不同的密集环境。家长也可在家和宝贝演练亲子躲闪的游戏，教会孩子防范的简单方法。

③周末可多带孩子参加户外活动或者体能游戏，增强幼儿身体的灵活性和协调性，这样可以帮助幼儿获得长期有效的自我保护。

（北京市朝阳区秀园幼儿园　王佩璟、尹宝玉）

难题 19　家长问：孩子在家看书，看了一会儿就不想看了，就去玩玩具了，可以怎么引导？

情景描述：贝贝妈妈反映孩子平时在家看书的时候，最喜欢的还是看图画，要么一直翻来翻去，要么看一会儿图画就把书放一边了。坚持的时间很短，看了没五分钟就不想看了，放下书就去玩自己的玩具了。

作为老师，你可以怎么给家长支招呢？

1. 和家长理性分析孩子"不想看"的真实原因

（1）专注力发展受限

小班幼儿的注意力持续时间相对较短，一般在5～10分钟，超过十分钟，孩子可能会感到疲劳，失去兴趣。因此，应让孩子在较短时间内完成阅读，以保持孩子的专注力。

（2）遇到不喜欢看的书，对绘本内容不感兴趣

由于孩子的喜好和兴趣是多样化的，如果绘本的主题和故事情节不能引起他们的兴趣，他们就会不愿意去阅读。对于小班幼儿来说，绘本的文字和图片应该简单易懂，富有创意和想象力。如果绘本过于复杂或抽象，会让他们失去继续读下去的兴趣，由看不懂变成了不想看。

（3）喜欢做自己感兴趣的事

不同孩子感兴趣的事是不一样的，在不设限的情况下，他们都喜欢做自己感兴趣的事。但当阅读情境一旦成立，有的孩子会因热衷阅读而自主投入，有的孩子虽不喜欢阅读但也会随着翻阅，有的孩子本就对阅读不感兴趣，故选择做其他事。孩子有自己的喜好，并会自我抉择。

（4）容易受环境因素影响

孩子们每天都被各种电子设备、游戏动画所吸引。这些内容迅速、有趣，很容易满足孩子们的好奇心。传统图书相比之下会显得沉闷和乏味。阅读不是一项任务，孩子的求知欲是大于成人的，一味要求孩子只读书只会渐行渐远。

2. 为家长支招，让孩子爱上阅读

（1）和孩子一起逛书店，让孩子自己选书

独立选购图书可以培养孩子的阅读欲望和兴趣方向。孩子与家长的智力水平和兴趣差别很大，让孩子独立选书，能强化孩子的阅

读欲，也会帮助孩子发现他们的兴趣和智力特点，使孩子从被动阅读转变为主动阅读。

（2）为孩子提供像玩具一样好玩的书，吸引孩子

小班幼儿喜欢类似于玩具的图书，能够吸引孩子的兴趣并帮助他们学习。例如，《趣味奇想翻翻书》这套书包含三个分册，每个分册都有不同的翻页设置，至少有 30 种不同的翻页惊喜，可以帮助小班幼儿认识颜色、形状和相对概念等。《大肥猫的百变形状》和《花尾鸟的绚彩世界》这两本书通过有趣的形象和姿态展示了各种形状和颜色，既有趣又有教育意义。《妈妈的手提包》这本书设计了丰富的小细节和点读功能，可以帮助孩子了解日常生活中的事物。这些书不仅具有娱乐功能，而且能促进小班幼儿在认知、动手能力、语言表达和想象力方面的发展。

（3）和孩子一起阅读，发现书中美妙的世界

家长在家采取互动式的阅读，如可以与孩子一起阅读，让阅读变成一种家庭活动。在读故事时，家长可以鼓励孩子提问或进行角色扮演，使阅读过程变得更完整而有趣。这样，不仅可以让孩子更好地理解和记忆内容，还可以提高其想象力和创造力。

（4）和孩子约定阅读时间，坚持阅读打卡

在开始阅读之前，与孩子一起制定一个明确的计划和目标，包括每天阅读的时间、阅读的内容和阅读的目的。选择适合孩子的阅读材料，要符合小班孩子的年龄和兴趣爱好，内容应生动有趣，易于理解，可以选择适合孩子的绘本、触摸书、科普读物等。同时，创造一个良好的阅读环境，例如一个温馨的读书角或者一个安静的书房，避免干扰和被打扰。当孩子完成阅读任务后，家长应该及时给予肯定和鼓励，这可以帮助孩子树立自信心和提高阅读积极性，更好地坚持阅读。

（北京市朝阳区秀园幼儿园　钱充、汤睿、王芳）

● 难题 20 家长问：孩子最近生病没有参与幼儿园活动，我们在家可以怎么做好入园准备？

情景描述： 康乐九月刚入园不到一个月，就由于生病导致一个多月没有来园。在教师与康乐家长沟通的过程中，康乐家长说："看到班级群里发了各种各样的活动照片、视频，真丰富。我们准备最近送康乐去上幼儿园，您看我们在家可以做些什么准备工作？"

作为老师，你应如何和家长沟通？

1. 与家长沟通，了解孩子在家近况

教师先通过电话、微信等多种形式与家长沟通，了解孩子的近况和家长的诉求。在与孩子家长电话沟通的过程中，教师了解到家长很想让孩子来园，和小朋友们一起过集体生活，但由于孩子一直生病居家，他担心孩子入园后自理能力较差，也不能和其他小朋友建立良好的关系等。

2. 根据家长反馈，有针对性地提出建议

（1）针对穿脱衣服、独立进餐、有便意时告知成人等自理能力情况的建议

教师可以录制一些有关进餐、喝水、如厕、午睡、穿衣等方面的视频发给家长，缓解家长的焦虑情绪并且尽量帮助家长在家培养幼儿。让家长通过教师录制的视频帮助孩子以游戏、儿歌的方式学习独立进餐、穿衣、午睡、如厕等，提高孩子对幼儿园生活的接纳度和融入度。

（2）针对幼儿交往等社交情况的建议

孩子长期居家，外出与他人接触时会出现胆怯害羞的表现，这时家长应该鼓励孩子主动地与人交谈，对于孩子的交往行为要给予

充分的肯定和鼓励。即使孩子在与他人交谈时出现语无伦次、不知所云的情况，家长也要耐心地听孩子说完，然后再给予积极的反馈。当孩子在交往过程中遇到困难时，家长要及时地给予帮助和指导，让孩子在不断的交往过程中积累经验，增强自信心。同时，家长可以利用休息时间带孩子在楼下小花园玩，拓展孩子的活动范围和交际圈。在交往过程中，家长要鼓励孩子主动参与、积极表现，同时注意引导孩子尊重他人、理解他人。

3. 家园携手，共做准备

（1）引导家长有意识地多和孩子聊聊有关幼儿园的话题

第一，在孩子上幼儿园之前，家长可以在与孩子游戏时不经意地聊起幼儿园的生活，如："你最喜欢幼儿园的哪个玩具？你最想念哪个小伙伴？"等。通过这种方式，可以让孩子回忆起幼儿园的生活，增强他们的好奇心和期待感。

第二，当孩子入园时，鼓励家长坚持送幼儿来园。对于刚开始上幼儿园的孩子来说，可能会有些分离焦虑情绪，这时家长的支持和鼓励非常重要，尽量坚持送孩子上学，并保持微笑和温暖的拥抱，这会给孩子带来极大的安全感。

（2）指导家长帮助孩子做好生活自理能力准备，有需求大胆地表达

家长在家照顾孩子期间，也要有意识地培养孩子不偏食、不挑食的习惯。要合理安排孩子的进餐时间、每餐进食量。在吃饭之前，尽量减少孩子吃零食、喝饮料的频率，避免孩子到吃饭时没有胃口吃不下。吃饭时，建议全家人围坐在饭桌边，关掉电视，专心吃饭。家长在家里可以引导孩子，有什么需求就勇敢地表达出来，要学会说"老师，我要喝水！""老师，我有小便！""老师，我要大便"等。如果身体不舒服，也要学会向老师表达，这样老师才能及时帮助孩子，或者知晓后通知家长。

（3）将幼儿园的一日生活作息发送给家长，及时调整

教师可以将幼儿园的生活作息时间表发给孩子家长，让家长在家中按照幼儿园的作息时间来进行调整，让孩子提前保持家园作息时间一致，习惯规律性的生活，尽快适应幼儿园生活。

（4）鼓励家长带孩子进行户外体育活动，增强体质

户外活动可以使孩子获得充足的氧气和阳光照射，还可以促进孩子器官和肌肉的生长发育，提高免疫力。此外，户外活动时也可以促进孩子与更多的小朋友交往，提高孩子的人际交往能力，使他提前适应集体生活。在户外活动的过程中，孩子自身还没有形成较强的卫生意识，不能做到饭前便后主动洗手，因此，可以提示家长注意培养孩子良好的卫生习惯。进餐前、如厕后、户外回家时，一定要用七步洗手法的小儿歌来把小手洗干净，以防病从口入。

最后，请对孩子保持一些耐心和信心。小班孩子离开父母和家庭，适应幼儿园生活需要一定的时间，家长需要给予他们足够的支持和鼓励。同时，也要尊重孩子的个性和发展需求，理性对待，不要过度焦虑，家长的支持和鼓励是孩子成长路上的重要动力。相信宝贝的潜力是无限大的，让我们一起为孩子加油吧！

（北京市朝阳区秀园幼儿园　贾思雨、李逸然、赵欣）

● 难题21　家长问：孩子特别爱动，注意力不集中，是不是有多动症？

情景描述：——今年刚上小班，家长在多次观察孩子在家及在外的一些表现后，发现孩子特别爱动，总是闲不住。他向班级教师咨询——在幼儿园是否也有此情况，表示——爱动且做事情注意力

不集中，让他坐在椅子上看会儿书都坐不住，因此怀疑孩子有多动症。

针对此情况，作为老师，你该如何更好地与家长沟通？

1. 从专业的角度，剖析"爱动"背后的原因

年龄特征。小班幼儿大脑发育尚未成熟，通常注意力持续时间较短、自控力较弱，更容易分心和不专注。

环境干扰。孩子所处的家庭环境也会影响他们的注意力。例如，如果家里有过多的噪声、干扰或者缺乏规律的生活习惯，都会对孩子的注意力产生负面影响。

性格原因。——性格外向、活泼、有好奇心、喜欢运动，所以需要更多的活动来消耗体内能量。

情绪问题。如果孩子感到焦虑、沮丧、紧张或者兴奋，都可能导致他们难以集中注意力。

2. 帮助家长正确区分"爱动"与"多动"

爱动的孩子往往非常活泼，对周围的事物充满好奇心，会经常转移注意力，喜欢不停地运动和玩耍。但是当他们遇到自己喜欢的事情时，能够集中注意力，比如喜欢的玩具或者是喜欢的游戏。同时，他们的行为也是有节制的，不会过度嘈杂和妨碍到别人。

多动的孩子行为更为严重，常常无法控制自己的行为，过度活跃、冲动；注意力不集中，经常被周围的事物分心，难以完成任务。他们的行为也不是有节制的，经常会不停地咳嗽、打嗝、口吃等。

3. 家园携手，共同帮助"爱动"的——

（1）了解孩子喜欢的事情，用感兴趣的事情培养他的注意力

鼓励——参与活动，帮助他在愉悦的氛围中提高注意力。

（2）创设良好的家庭氛围，规律作息

孩子在学习时，创造有利于他学习的环境。比如，确保环境安

静、整洁，减少干扰因素；关掉电视、手机等可能分散孩子注意力的电子设备；形成规律的生活习惯，提供适当的体育锻炼和专注力训练等，提升孩子的注意力，减少他爱动的行为。

（3）借助亲子小游戏，提升孩子注意力

①拼图游戏。小班小朋友建议先从简单的 4 片开始，随着孩子能力的提升，循序渐进地增添拼图的数量。此游戏可以帮助孩子提升空间感知能力和专注力。

②记忆卡片游戏。可以亲子一起制作记忆卡片，也可以鼓励孩子自己画出喜欢的图形或图案作为游戏材料。此游戏可以锻炼孩子的记忆力和专注力。

③猜谜游戏。家长可以先将孩子感兴趣、熟悉的事物作为谜底，循序渐进地增加一些难度。此游戏可以激发孩子的记忆力和专注力。

爱动的孩子不一定是多动症，但是当孩子的行为严重影响了他们的生活和学习，或者表现出了多动症的其他症状，家长应该及时带孩子就医，寻求专业的帮助和治疗。同时，家长应该采取措施帮助孩子养成良好的学习习惯，培养他们的自我控制能力和注意力。通过良好的家庭教育，为孩子的成长和发展奠定良好的基础。

（北京市朝阳区秀园幼儿园　胡天琦、杨爽）

（北京教育学院　范爽琛）

难题 22 家长问：孩子在集体活动中能跟着老师上课吗？发现孩子总是处于游离状态，怎么办？

情景描述： 在开放活动时，小朋友们在跟随老师进行集体游戏，这时沐沐却一直在玩柜子上的玩具，然后在各个活动区域中走来走去，不一会儿又去玩柜子上的玩具。沐沐妈妈在旁叫她去参加活动，沐沐也听不到。沐沐妈妈在开放活动后很担心，给老师发信息询问："孩子平时在班中也是这样吗？在集体活动中能跟着老师一起上课吗？平时在家做事情也经常处于一种游离的状态，这可怎么办？"

作为老师，你该怎么和沐沐妈妈进行沟通呢？

1. 分析幼儿年龄特点，为家长解答疑惑

（1）初入集体活动，环境陌生

在开放活动时，家长发现沐沐在集体活动中会出现游离的状态，四处走动或者做自己的事情，需要教师的引导才能共同参与集体活动。但是家长不必过度担心，小班幼儿刚参加集体活动，正处于适应期，需要适应新环境、集体生活以及老师，可能有时会因为课程内容不够吸引他们或是还没有完全适应集体活动环境出现不跟随老师上课的情况。小班幼儿正处于学习和发展的关键时期，在集体活动中，我们鼓励和期待孩子们能够跟随老师一起上课，但是我们也要理解和尊重每个孩子都有其独特的发展节奏和个性特点。

（2）以自我为中心，处于探索自我与环境的好奇心阶段

小班幼儿处于以自我为中心的认知阶段，在游戏中喜欢独自游戏，所以经常会看到小班幼儿自己做游戏而不跟随老师或同伴共同游戏，这是儿童发展的一个正常现象。家长提到幼儿平时做事也会处于一种"游离"状态，这种现象也是正常的，是孩子发展过程中的一个自然阶段。因为小班幼儿正处于探索自我和环境的阶段，他们的注意力容易被新奇的事物所吸引。小班幼儿的游离状态可能分为两种情况：身体游离——独立于集体活动，可能因为他们对某个物品或场景产生了兴趣；精神游离——身体处于一种活动中，但注意力没有集中在活动中。

（3）幼儿本身的性格特点

沐沐在三岁前与外界接触得比较少，不知道怎么与外界接触，平时老人带孩子与小朋友一起共同游戏的时间少，导致沐沐在与同伴交往时表现出胆小、怕生的情况，所以比起参加集体活动，他更愿意独自游戏。

2. 家园携手，共同配合

（1）在园时，教师根据幼儿的兴趣设计课程，提供适时引导

在园时，教师要关注、了解幼儿在"游离"时探索的玩具、事物等，根据幼儿探索的兴趣设计更吸引幼儿的活动。引导幼儿积极参与到集体活动中来，为幼儿创造与同伴互动的机会，例如分享玩具、绘本故事等。引导幼儿关注周边的人，鼓励幼儿与同伴交往，积累情感体验，感受到参加集体活动的快乐。

（2）给予幼儿获得集体认可的机会，帮助幼儿适应集体生活

教师在园深入挖掘幼儿的优点，如发挥幼儿自身特长，为小朋友表演跳舞、唱歌、分享区域活动作品等，让幼儿在集体活动中获得成功，获得集体认可的机会，帮助幼儿更好地融入集体活动。

（3）培养幼儿专注的习惯，减少游离现象

从幼儿感兴趣的事物入手，有意识、有计划地培养，要求幼儿能够专注地做一件事情（如搭积木、看书、拼图等），从开始的几分钟逐渐达到小班幼儿应有的水平（10分钟）。成人的适时介入有助于延长幼儿的注意时间，在家中，家长应该多抽出时间来陪伴幼儿，给予幼儿充足的亲子陪伴的时间与机会。

（4）减少高感官刺激

在家中尽量减少幼儿不需要主动思考和亲身参与就能获得高感官的刺激活动，比如看动画片、用故事机听故事或者玩光电玩具等。幼儿经常接受不需要参与就可以获得开心的感官刺激，长此以

往，专注做事的时间就会缩短。

（5）带领幼儿参与社会集体活动

帮助幼儿提高自信心和参与感，在园外多与同龄幼儿接触。在社会活动中，可以引导幼儿与同龄幼儿主动交往、共同游戏，引导幼儿逐渐参与集体游戏。

（6）家园配合的几点提示

①缩短电子产品的使用时间。让孩子玩一些结构简单的可操作玩具，或者参与户外活动。亲子阅读后，与幼儿交流故事的内容，或者延伸故事情景，培养幼儿的专注水平。

②在双休日、节假日，带领幼儿多与同龄的小朋友交往，增强幼儿与同伴共同游戏的愿望，增加幼儿与同伴交往的兴趣，提高幼儿的自信心。

（北京市朝阳区秀园幼儿园　郝朝霞、张璐）

●难题 23 **家长说：孩子年龄小、体质弱，希望老师尽可能多关注自己家的孩子，并每天通过视频、照片等进行反馈。**

情景描述： 小班开学初，小虎妈妈多次向老师诉说："我家孩子是 8 月份出生的，9 月份上幼儿园时应该是班级中年龄较小的孩子，特别担心孩子各方面能力发展会比同龄的小朋友慢，跟不上班级整体节奏。从开学到现在，孩子因为感冒、流鼻涕几次都不能正常来园，也因为孩子年龄偏小、个子瘦小、体质弱，我们非常担心。希望老师能尽可能多地关注孩子，最好是每天都能向家长发照片、视频。"

面对家长的需求，作为老师，该如何与家长沟通？

1. 理解家长的担心，缓解家长的焦虑

首先，教师要表示理解家长的心情，可以说："很多孩子刚入幼儿园的时候都会出现这种情况。幼儿园的老师和全新的环境对孩子来说都是很陌生的，而且作息时间和一些习惯也和家庭生活中有所不同，孩子的身心需要一个适应新环境的过程。在适应新环境的过程中，孩子难免会有紧张、不安、焦虑的情绪，甚至是哭闹。不仅是孩子，我们大人在进入新的工作环境时也会有一些情绪上的波动，只是孩子表现得会更明显一些，这些都可能会导致身体抵抗力下降，进而导致生病。在以往带班的过程中，也多次遇到7、8月出生的孩子，但是孩子各方面发展得都很好。小虎虽然入园时年龄较小，但年龄不一定会对孩子造成太大的影响。"

其次，教师可以告知家长，作为教师，会从专业的角度去引导孩子，以欣赏的眼光对待每一个孩子，并且及时捕捉孩子的优点，接纳他们的个体差异。请家长放心，孩子来园后会多给予关注，遇到问题时也会及时介入帮助孩子解决。

最后，针对家长希望能多发视频、照片的要求，要表示理解，同时向家长告知教师平时的工作，引导家长理解教师的日常工作，在照顾好班级孩子的基础上，会向家长进行详细的反馈。

2. 给家长支招，入园前后这样做

（1）入园前

①在幼儿入园前，家园作息时间保持一致。如早睡早起、自己吃饭、中午午睡、自主大小便等。孩子在家适应了，到幼儿园以后也会更加熟悉、自主，情绪波动也会减少，更能适应幼儿园有规律的生活。

②在家确保幼儿饮食均衡，多吃健康食品。在家要保证孩子获得足够的营养，而且要均衡。少吃热量较高和寒性食物，避免对幼儿的健康造成影响。

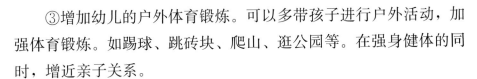

③增加幼儿的户外体育锻炼。可以多带孩子进行户外活动，加强体育锻炼。如踢球、跳砖块、爬山、逛公园等。在强身健体的同时，增近亲子关系。

（2）入园后

教师及时反馈幼儿在园的情况，并说明教师的支持方法。教师及时向家长反馈幼儿在园的进步表现，在反馈进步的同时，让家长了解到教师给予幼儿的帮助与支持，让家长感受到教师对幼儿的关心和照顾。如："小虎今天能高高兴兴来园，能自主喝水、进餐等。当小虎做得好时，老师还当众表扬了孩子的行为，给予了小贴画作为奖励，小虎可开心了。"

3. 家园配合，共促幼儿成长

（1）多和孩子聊一聊幼儿园里的生活，正面引导。孩子回家后，多和孩子聊一聊他在幼儿园里好玩的游戏、发生的开心的事情或者有意思的事情，帮助幼儿适应幼儿园的生活，缓解焦虑情绪。

（2）在家也要保持良好的卫生习惯，如勤洗澡、换衣服、剪指甲、饭前便后使用正确洗手方法洗手。

（3）帮助幼儿养成良好的生活习惯。如吃饭时细嚼慢咽、专心专注；不偏食不挑食，多吃水果蔬菜；多喝白开水，不贪吃冷饮和饮料。

（4）继续鼓励幼儿参加体育活动，增强抵抗力。在幼儿园时，户外活动时间很充足，在家也要加强锻炼，提高运动能力。

（5）给孩子成长的时间，有耐心，静待花开。每个孩子的适应能力及速度不同，保持耐心，给孩子足够的时间来适应幼儿园的生活。

总之，每个孩子都是父母的宝贝，作为教师，要平等地对待每一个孩子。小班孩子的家长往往以孩子爱生病、年龄小、体质弱为由要求教师多照顾、多关注自家孩子，教师一方面要及时向家长反馈幼儿在园情况，缓解家长焦虑的情绪，另一方面也要给家长出谋划策，与家长共同配合培养孩子良好的生活自理能力，助力孩子更好地适应幼儿园生活。

（北京市朝阳区秀园幼儿园　李丽娜、张新艺、程飞）

难题24　孩子中午入睡困难，家长询问能不能带个依恋物。教师如何回应？

情景描述： 畅畅（小班新入园幼儿）在园情绪不稳定，中午入睡困难，有时候会在被子里偷偷哭泣，教师担心若出现长期的情绪波动，可能会导致孩子出现焦虑、烦躁和不安等情绪，进而影响孩子的睡眠质量和身体健康。在一次放学后，班级教师与畅畅妈妈交流畅畅的入园适应情况，在与家长沟通的过程中，家长询问是否可以给孩子带一个毛绒玩具作为依恋物。

作为老师，你该怎样和家长沟通呢？

1. 与家长沟通幼儿入睡困难的原因

（1）分离焦虑

小班幼儿的分离焦虑是一种常见的情绪现象，主要发生在幼儿从家庭环境进入幼儿园环境时。这种焦虑源于幼儿与亲密照顾者（通常是父母）的分离，对他们来说，这是一种心理上的巨大挑战。畅畅作为新入园的小班幼儿，进入一个陌生的环境，容易产生分离焦虑。特别是在午睡时间，他可能会因为缺乏安全感而出现哭泣、入睡困难或寻找妈妈的行为，这是幼儿适应新环境过程中的一个自然现象，但也需要注意采取适当的措施来帮助他更好地适应。

（2）睡眠环境的差异

家庭午睡环境通常是幼儿熟悉和舒适的空间，可能包括他们喜欢的床上用品、安静的环境以及父母的陪伴等，这些因素共同构成了幼儿在家午睡的安全感和舒适感。然而，幼儿园的集体午睡环境与家庭环境存在显著差异。在幼儿园，幼儿需要适应与多个同伴共享空间，环境、光线、床上用品、布局和家庭中也有所不同，这些变化可能会让幼儿感到不适应，从而影响他们的午睡质量。

2. 家园携手，帮助幼儿养成良好的午睡习惯

（1）教师通过创设温馨的班级环境、组织有趣的游戏活动等方式，帮助幼儿建立安全感和归属感。提示家长保持积极乐观的态度，避免在幼儿面前表现出自己的焦虑情绪，多与幼儿谈论幼儿园的趣事，增强幼儿对幼儿园生活的兴趣。

（2）了解幼儿在家庭中的午睡情况。提前与家长沟通幼儿在家中是否已经养成良好的午睡习惯，包括幼儿的午睡环境、午睡时间、午睡是否需要成人陪伴等。

（3）调整班级午睡环境，午睡前播放轻音乐，讲述午睡故事等，为幼儿创造一个安静、舒适的午睡空间。

（4）营造良好的午睡氛围，午睡过程中关注幼儿心理，对有分离焦虑症状的幼儿给予针对性的个别指导，如尝试陪伴在幼儿身边，轻声拍哄，帮助幼儿放松身心，更快地适应午睡环境。

（5）在午睡区域张贴相关的环境创设作品，如"我是午睡好宝宝""午睡我最棒"等，通过这些方式激发幼儿的积极性和参与感，鼓励幼儿自主入睡并适应幼儿园的集体午睡环境。同时，设置一个奖励机制，比如每天午睡后，给能够自主入睡的幼儿发放小贴纸或小奖章。

（6）家园共同讨论并制定一个适合幼儿的计划。比如逐渐延长幼儿在幼儿园独立入睡的时间，或者在睡前进行一些放松身心的活动。

（7）家园配合的几点提示

①调整家庭午睡时间，与幼儿园保持一致。指导家长适当调整幼儿在家庭中的午睡时间，尽可能与幼儿园保持一致。同时，鼓励幼儿自主入睡，让幼儿习惯在没有父母陪伴的情况下入睡，帮助幼儿更快养成午睡习惯。

②携带依恋物，缓解幼儿分离焦虑。依恋物对于幼儿在适应新环境时能起到积极作用，它能够提供安慰和安全感，有助于缓解幼儿的焦虑和不安情绪。教师可以指导家长与幼儿共同在家中寻找一种孩子喜爱且安全的陪伴物带到幼儿园，比如一个小抱枕或者一块柔软的毯子，午睡时用来缓解幼儿的焦虑情绪。还可以和幼儿一起讨论这个物件是否适合带进幼儿园，确保它不会带来任何危险。

③加强家园沟通，树立幼儿午睡自信。教师与家长定期沟通幼儿的午睡情况，以便双方都能实时掌握幼儿情况，帮助幼儿养成良好的午睡习惯。

（北京市朝阳区秀园幼儿园　谢静、张靖）

（北京市东城区新中街幼儿园　王珊珊）

难题 25 家长认为尿不湿可以自然戒断，询问教师是否可以帮忙更换。该怎么和家长沟通？

情景描述： 家园沟通过程中，点点妈妈与老师反馈，自己在书中看到专家指出要让孩子自行戒断尿不湿，所以家人并没有对点点穿尿不湿的这件事情进行干预，也没有培养点点自己小便，而是还在一直使用尿不湿。在进入小班后，点点每天来幼儿园还需要穿着尿不湿，书包中还会带两片新的尿不湿请老师帮忙更换。教师观察到点点也不爱喝水，每次喝水都只喝一小口，可能是担心喝水多了尿太多自己不舒服。这种情况已经影响了点点对于如厕的态度和饮水习惯。

作为老师，您该怎么和家长沟通呢？

1. 向家长分享幼儿自主如厕对于幼儿心理和身体发展的重要性

小班幼儿在初入幼儿园时易出现焦虑情绪，其他小朋友并没有穿尿不湿，点点能够注意到自己和他人的"不一样"，在更换尿不湿的过程中经常出现害怕被同伴看到、害怕遭到同伴"取笑"的心理，从而更有可能抗拒来园，不利于入园适应。教师应当引导家长了解帮助孩子养成自主如厕习惯的重要性。

培养幼儿逐步学会自主如厕，不仅能够提升幼儿的生活自理能力，而且能够增强幼儿的自信心，感觉到自己和别的小朋友一样长大了。

2. 家园携手，共同应对

（1）了解幼儿在家如厕情况，反馈幼儿在园情况

教师可以与家长进行沟通，了解幼儿在家中使用尿不湿的情况，如使用频次、幼儿对于使用尿不湿的态度、幼儿是否有自主小便的意识等。多关注幼儿在园情况，并如实反馈给家长，给予家长自信心，缓解家长的焦虑情绪。

（2）与家长沟通班级教育策略

在班级中，幼儿有便意时，教师会陪伴幼儿一同小便，树立幼儿自主小便的意识，提升幼儿的自信心；在班级中开展讲故事活动，利用相关绘本帮助幼儿减少焦虑，对如厕这件事产生更深刻的认识，认为自己小便是个很平常的事儿；开展体育游戏，锻炼幼儿下肢力量，便于幼儿在幼儿园轻松地使用蹲便如厕。

3. 家园配合的几点提示

（1）向家长推荐家庭运动小游戏

可通过微信等方式为家长推送一些家庭运动小游戏，通过游戏

不断提升幼儿的下肢力量，增进亲子间的感情。

（2）引导家长为幼儿选择适合的小马桶等小便器，循序渐进引导幼儿自主如厕。同时关注幼儿如厕时的服装，不穿阻碍幼儿自主如厕的服装。

（3）家庭中鼓励幼儿独立如厕，与幼儿园保持一致

引导家长给予幼儿充分的信任，应放松心态，允许宝宝偶尔"犯错"和暂时性能力"倒退"，而不是把自己的心急强加于人，否则会给孩子造成心理压力。当幼儿在家中独立如厕时，可以鼓励幼儿，给予幼儿一个抱抱或一个小奖励，使幼儿逐渐树立自主小便的意识。当幼儿成功自主如厕时，家长应及时给予鼓励，可以说："小便在小马桶/小便池里，跟在纸尿裤里是不是不一样？这样小屁屁也不会感觉到潮湿、不舒服。"通过向孩子描述自主如厕后的生理健康和心理舒适，帮助孩子在如厕中感知自己身体的舒适度，有助于幼儿更加自然顺畅地接受用小马桶或者小便池如厕。如果幼儿没能成功自主如厕，家长也不要生气或露出失望的表情，而是要耐心地安抚幼儿，说："没关系，我们下次再试试！"

（北京市朝阳区劲松第一幼儿园　李欣、孙一淞、

刘雪松、付思佳）

第二章 从幼儿园到小学

（中大班家长沟通工作）

教师准备篇

● 难题 26　面对特殊家庭（单亲家庭、祖辈抚养家庭），如何沟通？

引言：教师在与家长的日常沟通中，或多或少会遇到一些特殊家庭，如单亲家庭，幼儿可能因为缺乏父母一方的陪伴和关爱，会感觉到很孤独、缺乏安全感、敏感或自卑，容易在情感、情绪和交往等方面出现问题；又如祖辈抚养家庭，可能会因为祖辈家长的溺爱而出现孩子自理能力较弱、依赖性较强的情况。

用合理的方式与特殊家庭沟通，对幼儿与家庭都有着重要的意义。从幼儿的角度来说，只有了解他们的家庭背景和成长环境，才能走进幼儿的内心，更有针对性地关心和教育他们。从家庭的角度来说，与抚养的家长及时沟通，理解其需求和难处，建立良好的家园关系，增强彼此的信任和合作，才能共同促进幼儿的成长。那如何与这样的特殊家庭进行沟通，在沟通时有哪些注意事项呢？本部分将针对以上问题分为日常沟通与个性化沟通两种情况介绍与家长进行交流的方法。

1. 与特殊家庭的日常沟通

（1）在新接手班级与特殊家庭进行沟通时，可以通过具体情境的描述将幼儿在园表现反馈给家长，同时了解幼儿在家庭中的表现，感受幼儿的家庭氛围以及对于教育幼儿的态度和需求，倾听家长对孩子的关注和期望。

提示：在与单亲家庭沟通时，教师要注意避免过度询问家长的个人生活和家庭情况，不主动谈及家庭隐私。与祖辈抚养家庭沟通时，让祖辈感受幼儿在园的成长和努力与祖辈的抚养是分不开的，肯定祖辈带养的辛苦，让他们感受到教师的理解和尊重。

（2）教师及时与家长反馈幼儿在园的表现与进步，注意语言的适宜性，让家长感受到教师对幼儿的真诚关爱。

2. 与特殊家庭的个性化沟通

特殊家庭幼儿由于主要抚养成员的差异，会出现一些个性化的问题。教师在与家长进行反馈的同时，可以询问幼儿在家的表现，考虑家长的心理与需求，为家长提供适宜的教育方法。

（1）当幼儿出现自理能力较弱的问题时，教师要考虑是否与抚养家长的教育意识有关。沟通前，可以让家长以志愿者的身份来参加幼儿园活动，使之发现幼儿间自我服务方面的差距。之后教师与之单独沟通，了解家长的教育方式和理念，理解单亲和祖辈家长的"补偿式"心理，同时给予建议和方法，帮助幼儿在感受关爱的同时，逐步提升自我服务的意识和能力。

在与祖辈抚养家庭沟通时，教师可以先介绍当前年龄段幼儿的发展特点，再说一说该幼儿所面临的小困难，最后给家长提供适宜的教育方式。如和轩轩奶奶沟通时，教师可以说："孩子们升入中班后，小手更加灵活有力气了，自理能力也比小班提高了。最近我发现，轩轩在户外活动前穿外套时总是扣不好小扣子，看到其他小朋友穿好衣服后，他会有点着急。在家的时候可以结合园里学的小儿歌带着孩子练一练，咱们爷爷奶奶要给孩子自己试一试的机会。日常生活中，也可以带着孩子玩一玩筷子夹豆豆的游戏，锻炼手部小肌肉。相信轩轩能够很快地学会自己扣纽扣的！"

（2）当幼儿出现交往和情绪上的问题时，教师需先问清楚事情的来龙去脉。与家长沟通时，教师切记要客观反映事情的发生过程。同时，公平地解决问题并与之共情，以防单亲和祖辈出现"怕孩子受委屈"的心情。可以鼓励家长多带幼儿参与社交活动，在真实情景中丰富与同伴交流、解决问题的方式。

3. 其他注意事项

（1）如果班里有单亲家庭的幼儿，教师可以日常多关心幼儿，适当增加与家长沟通的频率，让家长感受教师对幼儿的关注。同时注意适度，防止家长出现"被怜悯"的感受。

（2）教师与祖辈沟通尽量选择接送孩子的时间，选择一个安静的环境，这样能够让祖辈专注地听清沟通内容并减少往返时间。

（3）与祖辈沟通后，教师也要让父母及时了解幼儿在园情况，达成信息同步，共同促进幼儿发展。

（北京市朝阳区福怡苑幼儿园　田璐、张蕊、韩静）

● 难题 27　家里老人娇惯孩子，教师如何与家中长辈沟通?

引言：教师在日常工作中，常常会遇到幼儿家中长辈过度娇惯孩子的情况，这不仅可能影响孩子在幼儿园的正常学习和生活，还可能导致孩子在社交、独立性和规则意识等方面发展滞后，妨碍孩子正常的成长，有时也会给日常教育工作带来困扰。因此教师需主动介入，与幼儿家中长辈进行有效的沟通，共同为孩子的健康成长创造一个良好的环境。当幼儿园的教育观念和育儿方法与幼儿家中的长辈不一致时，教师该如何与他们沟通，使之达成一致呢？

1. 明确沟通目的，做好沟通准备

在与家长沟通之前，教师首先要明确沟通的目的，即帮助家长认识到娇惯孩子可能带来的不良影响，并寻求双方合作，以建立更科学的教育方式。在准备阶段，教师需要收集孩子的相关信息，包括在园表现、兴趣爱好、性格特点等，以便在沟通时能够更具体、更有针对性地提出建议。

2. 建立信任与尊重的关系

在与家长沟通时，教师应以平等、尊重的态度对待家长，尤其是年长的家长。通过倾听家长的意见和担忧，表达对他们辛苦付出的认可，建立起相互信任的关系。这样，家长更容易接受教师的建议，为后续的沟通奠定良好基础。

3. 用适宜的语言了解并理解长辈的教育观

在与长辈沟通时，教师要耐心倾听他们的心里话，了解他们的教育观念和育儿方法，不轻易打断或评判，切忌与长辈直接产生言语上的冲突。如教师可说："小明奶奶，您觉得孩子年龄小，希望在家中能够得到更多的关爱和照顾，我都理解，在幼儿园里，我们老师也在悉心照顾小明。我们同时也注重培养孩子的独立性和社交能力，让小明早日成为自立的小男子汉。"这样的表述，既表达了对家长的理解，又提出了对幼儿的教育目标。

4. 阐述过度娇惯可能带来的影响

教师可以通过分享其他孩子的案例或自己班级中孩子的变化，帮助家长了解娇惯孩子可能带来的问题。例如，过度娇惯可能会让孩子在幼儿园中遇到一些困难，比如难以适应集体生活、缺乏独立性和规则意识等。这些不仅可能影响孩子的社交能力，而且可能对其未来的学习和生活造成不良影响。

提示：用具体、客观的语言阐述问题，避免使用过于严厉或指责性的言辞。

5. 提出具体的建议与措施

根据孩子的实际情况和长辈的教育需求，提出具体的建议，如如何培养孩子的自主能力、如何设置合理的规则等，帮助家长建立正确的教育观念和方法。如："为了帮助孩子更好地成长，我们可以尝试在家中适当培养孩子的独立性，如让孩子自己完成一些简单的任务。同时，在幼儿园我们也会加强对孩子的规则意识和社交能力的培养。"这样的建议既具体可行，又符合长辈的期望。

提示：结合实际情况，给出具体的、可操作的建议，让家长感受到教师的专业性和责任心。

6. 持续沟通与反馈，分享孩子在幼儿园的成长与进步

定期向老人分享幼儿在园的成长与进步，用视频、照片等形式直接让老人看到孩子在哪些方面有所提高，一起分析是哪些方法策略起到的作用。如："最近，小明在班上表现得非常出色，他能够主动与其他小朋友合作完成任务，这是他在社交能力方面的一大进步。我们会定期与您沟通孩子的成长情况，也欢迎您随时与我们联系，共同关注孩子的成长。"

提示：确保与家长之间的沟通渠道畅通，形成家园共育的良好氛围。

（北京市朝阳区福怡苑幼儿园　张天红、赵建新、张耿）

● 难题 28　教师如何让家长知道幼儿园的幼小衔接是如何开展的？

引言：幼小衔接是幼儿园到小学的重要过渡阶段，幼儿顺利从幼儿园进入小学，需要幼儿园、家庭、小学三者之间相互协作。如何让家长了解幼儿园开展幼小衔接工作的情况并参与其中，发挥自身作用呢？我们结合以往经验，梳理总结了以下方法。

1. 召开家长会，公布园所幼小衔接工作计划

家长会是幼儿园和家长进行沟通交流的最直接也是最常见的方式。因此，教师可以借助家长会让家长知道幼儿园的幼小衔接是如何开展的。如大班老师在学期初召开家长会时可以说："我们现在是大班了，幼小衔接是家长比较关注的话题，也是我们幼儿园一项重要的工作，为此我们制定了符合我们班情况的幼小衔接工作计划表，计划表的具体内容如下……"

提示：公布幼小衔接工作计划表，一是为了让家长了解幼儿园也在做幼小衔接工作，让家长对幼儿园开展幼小衔接工作的内容、方式等有一个整体的认知；二是让家长意识到自身在孩子幼小衔接过程中发挥的重要作用，进而在后续幼小衔接活动开展的过程中更愿意支持和配合幼儿园的工作。

2. 组织实践活动，落实幼小衔接工作计划

组织与幼小衔接相关的实践活动是让家长最直接地了解幼儿园幼小衔接工作的方式之一。通过实践活动，家长可以直观地看到幼儿园在幼小衔接方面所开展的活动和做的努力。

提示：在开展实践活动前，教师要提前和家长说明本次活动的目的、意义、内容以及注意事项等，家长自愿给幼儿报名参加。例如，参观小学实践活动，就需要让家长提前知晓参观的日期、路线以及需要提前给孩子准备水壶等事项。

3. 设定家长开放日，体验幼小衔接开展情况

家长开放日是家长了解和评估幼儿园幼小衔接工作落实情况的有效途径。通过开放日活动，家长不仅可以看到幼儿园是如何开展幼小衔接相关活动的，还能亲身参与、直接体验活动，感受幼儿园幼小衔接活动的乐趣，进而缓解家长的入学焦虑。

提示：幼儿园可以借助节日或园所特色等开展家长开放日活动，如"世界读书日"活动。

4. 组织专家讲座，树立科学幼小衔接理念

邀请学前领域专家向家长介绍和宣传学前教育领域新政策，帮助家长树立科学的幼小衔接理念。例如，带领家长深入学习和解读《关于大力推进幼儿园与小学科学衔接的指导意见》《幼儿园入学准备教育指导要点》《小学入学适应教育指导要点》等政策文件，让家长认识到幼小衔接不仅仅要做好学习上的准备，还要做好身心、生活、社会等方面的准备，帮助家长全面深入了解幼小衔接的具体内容，从而科学做好入学准备。

提示：还可以邀请小学校长或者小学教师向家长讲述小幼衔接的内容，小学一年级新生不适应的表现及原因，从另一个角度解析幼小衔接理念，进一步帮助家长了解入学适应的本质与核心，提前做好准备，科学做好衔接。

5. 借助线上公众平台，宣传幼小衔接活动内容

微信群、微信公众号等线上公众平台也是让家长了解幼儿园幼小衔接工作的重要途径。教师定期通过公众号网络平台、班级群等推送幼儿园组织的幼小衔接活动照片、视频等，如前阅读、前识字、前书写的相关活动，小学主题的阶段性开展与收获，让家长简捷、高效、明了地了解幼儿园幼小衔接活动。

提示：教师可借助线上公众平台向家长推送家长如何帮助幼儿做好入学准备的相关资料。

6. 个性化指导，针对性给予专业建议

幼儿成长册和一对一谈话是对幼儿及家庭教育进行个别指导的一种最直接且有效的方式。通过这种方式，教师有针对性地反馈幼儿在园表现，表扬幼儿在入学准备方面的优异表现，并对还有待提升的方面进行个性化指导。同时，家长也可将幼儿在家中的表现和家庭教育中的困惑反馈给教师，让教师在全面了解幼儿情况的基础上给予专业的建议。

（北京市朝阳区福怡苑幼儿园　张朋艳、陈妍、郭春妍）

• 难题 29 **孩子在园遭遇意外伤害，教师如何与家长沟通？**

引言：《幼儿园教育指导纲要（试行）》明确提出："幼儿园必须把保护幼儿的生命和促进幼儿的健康放在工作的首位。"3～6 岁幼儿活泼好动，好奇心较强，自我保护能力还比较弱，尽管教师每天带班都是"眼观六路，耳听八方"，但意外可能还是无法完全避免。当孩子在园出现意外伤害时，教师该如何与家长沟通，减少家长的担忧？

当孩子遇到意外伤害时，教师要第一时间保持冷静，不慌张，及时带孩子去保健室与保健医共同商讨，采取必要的措施。根据保健医的初步判断，视孩子的受伤情况来决定是否需要立即与家长取得联系。联系过程中要勇于承担责任，向家长说明整个经过，给予家长一个满意的答复。

1. 沟通内容

无论是事情发生后立即沟通还是放学后当面沟通，教师在与家长沟通时都要向家长说明清楚事情发生的具体经过。在沟通前，与班级教师达成一致，如处于视觉盲区，要主动申请视频监控还原事发过程。在沟通时，教师要主动说明事情的起因和经过：当时班级孩子在做什么，教师的位置，事发的幼儿在做什么，教师发现后第一时间的处理情况，幼儿的情绪等，并向家长致以歉意。如教师可和家长这样说："××妈妈，今天××在户外跑步时不小心摔了一跤，胳膊擦伤破皮了。我们看到后马上抱他到保健室，保健医给他做了消毒处理并贴了创可贴。发生这样的事情，让您担心了！今晚回去后注意伤口别碰水，也请您多观察下孩子的伤势，有问题随时联系我们。这几天户外活动时，我们会多关注孩子，提醒孩子在玩的时候注意安全。"

提示：上述语言不仅体现出教师对孩子的关心，还把后续的教育方向进行了说明，让家长放心把孩子送到幼儿园来。

2. 视不同受伤情况采取不同沟通方式

（1）情况一：轻微的小伤

如果是轻微的小伤，教师首先要安抚幼儿的情绪，了解伤势的位置，再由保健医判断是否需要就医。如无需就医，教师可借助照片先向父母进行情况说明，待放学后再详细与接送的家长沟通；若接送人不是父母，最好通过微信或电话再次向父母说明情况，告知父母也与接送人沟通了。

如教师可这样与家长沟通："瑶瑶妈妈，今天瑶瑶和小朋友在游戏时，出现了一点小矛盾，瑶瑶的胳膊不小心被嘟嘟抓伤了。我们第一时间关注到了，但宝贝还是受伤了，我们立即带她去保健室进行消毒处理，也对嘟嘟进行了教育，并让他向宝贝道歉，同时我们也与嘟嘟的家长进行了沟通。之后我们也会关注两个孩子之间的交往情况。对于今天的事情，我们也向您表示歉意，还希望您多理解，回家也要多观察，有情况及时跟我们联系。后续孩子来园，我们对瑶瑶受伤的位置也会多加关注的，请您放心。"

（2）情况二：骨折、脱臼等重伤

当孩子在园受伤严重到骨折、骨裂、脱臼等需要到医院就诊的情况时，教师一定要及时打电话通知家长，向家长说明孩子的具体情况，听取家长的处理意见。

如教师可和家长这样说："××妈妈，今天孩子在玩攀爬架时没踩稳，不小心从上面摔了下来，我们看到后马上送他到医务室，经保健医初步诊断有骨折的可能。我们准备马上带孩子去医院，您能来一下医院吗？具体受伤的情况我们当面再沟通。孩子受伤我们都很心疼，也很抱歉发生这样的事。现在孩子的情况比较稳定，老师和保健医都会陪着他，请您放心，您赶来的路上也注意安全！"

提示：由于个别家长可能会对孩子受伤的处理有自己的想法，尤其是涉及缝针等情况，一定要询问清楚家长的意见，比如家长指定要送往哪家医院进行诊治、后续的治疗方案等，以免耽误治疗。

（3）情况三：孩子在园受伤，教师不知情，家长质问

有的孩子在园意外受伤后，没有第一时间告知教师，而是等待回家后告知家长。当家长质问教师事发的情况时，教师应先保持冷静，认真倾听家长的叙述。如若真不知晓，教师应立即与班级教师沟通，必要时利用监控还原事实。当教师仍不知情，家长质问时，教师该如何回答？

教师可和家长这样说："豆豆妈妈，很抱歉我们没有第一时间发现豆豆受伤了，孩子伤得怎么样？是否需要咱们一起去医院看看？豆豆受伤，我们也很担心，今天在园我们没有注意到孩子受伤的情况，今后我们会多加注意的，请您放心。明天孩子来园时，我们也会与豆豆沟通，关注宝贝受伤的位置，了解清楚事情发生的情况，再与您沟通。再次说声抱歉，希望您能理解。"

提示：当孩子在园受伤，教师不知情时，要注意一定不要捏造事情经过，与班级教师做好沟通，争取还原真相。若还是不清楚，教师应先解决家长当下的顾虑。

3. 意外伤害发生后，做好后续的追踪

（1）当家长担心幼儿后续的恢复情况时，教师每间隔一到两天进行电话沟通，也可由保健医和老师一同前往幼儿家中看望，持续关注，及时跟进孩子的情况，做足后续的抚慰工作。

（2）当家长担心幼儿居家过久无法适应集体活动时，教师可准备一些小游戏与幼儿互动，也可推荐亲子读物、易操作的手工游戏，避免幼儿回到幼儿园的集体生活中产生陌生感。

（3）幼儿后续来园后，及时关注并向家长反馈。如教师可和家长这样说："××妈妈，今天乐乐来园情况还可以，没有什么不舒服的地方，班级三位教师一定会多多关注乐乐的情况。有什么情况，我们也会跟您反馈的。"

4. 在开家长会时介绍幼儿园安全管理

（1）每学期、每月、每周定期开展幼儿安全教育活动，提高幼儿自我保护能力。

（2）每天排查班级的安全风险，围绕幼儿的安全，定期开展班务会讨论解决方法。

（北京市朝阳区秀园幼儿园　罗楠、孙佳琪、王芳）

难题 30　教师如何组织亲子开放日活动？

引言：幼儿园组织亲子开放日活动深刻影响着家庭与幼儿园之间的关系，是促进家园共育、增进亲子关系的重要环节。一方面，亲子开放日活动为家长和幼儿搭建了共同参与的平台，活动中通过游戏、合作等形式促进亲子感情的连接，提高幼儿的社会交往能力；家长也可直观地了解幼儿的成长变化，有助于增强家长对幼儿园教育的信任和支持。另一方面，亲子开放日也是幼儿园向社会展示园所教育成果和特色的重要途径，能提高社会对幼儿教育的理解和支持。

亲子开放日活动为幼儿全面发展创造了有利的条件，针对活动内容的选择、采取的形式、人员安排等实际情况，教师如何进行亲子开放日活动的组织和沟通呢？

1. 确定活动目的

亲子开放日活动的目的主要包括增进亲子关系、展示幼儿在园生活、宣传教育理念、促进家园共育、提升家长育儿意识和参与度、促进幼儿全面发展、激发幼儿的兴趣和潜能、增强幼儿社交能力等方面。如在中班亲子运动会"携手童趣，共绘运动梦"中设计了以下目标：体验合作运动的乐趣，促进亲子间情感交流；提高身

· 77 ·

体素质及协调性，促进大肌肉群发展；宣传科学的运动方法，培养幼儿终身运动的意识和习惯。

提示：在发起倡议时，要说明活动的意义，争取得到家长的支持，同时提出需要家长配合的要求。

2. 活动内容的选择

可以选择贴近幼儿生活的主题系列活动，如"动物世界""感恩周""节日庆典"等，以激发幼儿兴趣，使幼儿更容易融入亲子活动。还可以根据季节和节日因素来设计活动内容，如春天可以开展"远足活动"，秋天可以开展"制作标本"，春节可以组织亲子包饺子、写春联、制作灯笼等活动，端午节可以开展包粽子、划龙舟、编五彩绳等活动，中秋节则可以一起赏月、做月饼、讲述嫦娥奔月的故事等。

例如，每年的 4 月 23 日是"世界读书日"，班级教师以此为契机开展"阅读悦美好"的亲子开放日活动，鼓励家长和幼儿在家共同准备图书，通过"图书漂流""家长帮帮团"讲故事，使家长了解适合幼儿的图画书特点以及培养幼儿阅读兴趣的方法等育儿知识。

提示：活动内容和形式要丰富多样，可以融入人工智能技术、破冰游戏、角色扮演、手工制作等多元化的形式，注重亲子互动，避免形式单一，无法持续吸引家长和幼儿的注意。

3. 亲子开放日时，引导家长正确看待幼儿的活动

在活动开始前，布置好温馨、整洁的班级环境。向家长说明活动目的、活动规则及活动中的注意事项，确保家长能够理解和遵守，注意提醒家长在活动中保持积极、耐心的态度，给予幼儿充分的支持和鼓励。

亲子活动中，适时进行示范和指导，帮助家长掌握正确的育儿方法和技巧。同时，要注意避免过多干涉家长和孩子的互动过程，尊重家长的育儿方式和孩子的个体差异。如在"首都儿童庆新年活动"中，向班级家长再次介绍本次亲子开放日活动的具体内容，以及教室中每个位置的不同游艺项目。由于是亲子活动，参加人数多，请家长们为幼儿做好表率，谦让、分享、合作，度过开心愉悦的一天。在制作京剧头饰活动中，教师协助个别家长制作头饰，帮助家长掌握制作技巧和指导方法，从而更好地和幼儿合作。

4. 活动后，注意收集家长的活动反馈

家长反馈是评估亲子活动效果的重要依据。家长的反馈可以使教师了解活动是否达到预期的教育目标，幼儿是否在活动中获得成长和进步；可以帮助教师发现活动设计中存在的问题和不足，为今后的亲子活动提供改进的方向和建议；也为家园之间搭建了一座沟通的桥梁，有助于双方就幼儿的教育问题进行深入交流，共同制定更加适合幼儿发展的教育计划。

如在"温馨重阳，亲子同乐"的亲子活动中，教师将活动流程及精彩瞬间发送到班级群中，爸爸妈妈看到孩子尊老爱老的行动非常感动。在意见反馈中，爸爸妈妈提出，可以进行班级接龙打卡活动，每周为爷爷奶奶做一件事情，让敬老爱老的精神根植于幼儿的意识中，将中华传统美德发扬光大。于是班级开展了"传承文化，爱在重阳"的温暖打卡活动，家长们纷纷热情参与，将一次亲子活动延续成了系列活动。

提示：可以通过问卷调查、微信沟通、面对面交流等形式收集家长的反馈建议。

5. 其他注意事项

①关注活动中的场地安全。

②班级教师合理分工，关注每组家庭在活动中的需求。

③耐心解答家长在活动中的问题。

（北京市朝阳区华洋紫竹幼儿园　李东梅、庞亚军）

难题 31 班级群中发布的小任务，家长不回应怎么办？

引言：在家园共育工作中，家长的支持能够帮助幼儿园更好地了解孩子，同时有助于建立良好的家园联系，形成教育合力，从而提高幼儿园的教育质量。家长与教师的紧密配合可以让家庭和幼儿园之间保持教育一致性，但有时可能因为一些误会或其他原因，导致家长不支持工作，不回应班级群中发布的小任务，这时老师应该怎么做呢？

1. 面对不同情况找出应对策略

（1）情况一：家长把群消息静音了，未能及时回复

部分家长由于工作原因把家长群静音，所以不能及时回复，甚至忽略信息。所以老师在最初应该建立好群常规，如有不回应的家长要及时私信沟通，让其了解关注和回应通知的重要性，有耐心地培养家长及时关注、回复信息的习惯。例如，老师可以说："××妈妈，昨天家长群发了个通知，需要家长和孩子共同制作，没有看到您在群里回复。考虑到您平时工作比较忙，您可以把××爸爸也拉进群内，两人共同关注群内的消息。群内不仅会发通知，而且有孩子们在园的实时动态，希望家长们能够及时了解，共同见证孩子的点滴成长，非常感谢您的支持。"

提示：老师要控制发通知的频率，选择家长空闲时间发通知，统筹好通知内容一并发送，同时要文字精练，主题明确，便于家长阅读。

（2）情况二：家长不在意"小任务"，不愿意参与活动

如果家长不了解活动所蕴含的教育意义，不了解家园共育工作的重要性，也会出现不回应的现象。针对这种情况，老师可以与家

长私信沟通，表述幼儿对此项活动的兴趣和积极参与的愿望，介绍活动的由来及幼儿在活动中能够获得的发展，同时表明家长参与的重要性。老师可以说："××妈妈，近期我们分享了《圆形骨碌碌》的绘本，孩子们对圆形特别感兴趣，在班里找到了好多圆形，甚至发现了特别小的圆形（配合照片）。我们成年人可能因为比较忙碌，常常忽略周围环境中的细小事物，但××却能捕捉到这些生活中的小奥秘，这是因为孩子正处于细微事物敏感期，这也是我们培养孩子细致观察能力的好时机。我们寻找圆形、探索圆形的活动还在进行中，如果孩子在家中或是户外也发现了圆形以及由圆形组成的图案，也请您帮孩子记录下来，我们一起分享。"

提示：老师在发布小任务时，要考虑到复杂程度，让家长与幼儿在轻松愉悦的氛围中完成任务。还可以提供必要的帮助和指导，让他们感受到老师的支持和理解。

2. 教师与家长建立紧密联系

（1）教师可在家长群内多发一些幼儿在园的实时动态，让家长了解近期幼儿感兴趣的话题，以及幼儿最新创作的艺术作品等。

（2）教师与积极性不高的家长要保持紧密沟通，挖掘幼儿的特长，把照片、视频发给家长，让家长了解幼儿在班级中的生活和学习情况，并感受到老师对于幼儿的关注与重视。

3. 利用榜样的作用，激发家长积极参加各项活动的欲望

（1）任务结束后，教师要第一时间在班集体进行成果分享，也鼓励幼儿回家与家长进行分享。

（2）教师对此次小任务进行总结，可以利用小视频、美篇等形式在群内分享，肯定每位家长和幼儿的付出，对表现突出的家庭进行表扬。

提示：对于前期不支持班级共育工作，但现在有转变的家长，教师要进行鼓励和肯定，联系要更加密切，给出明确的期待。

4. 教师、家长共育，合力共助幼儿发展

（1）结合园所实际情况，教师可向家长推送一些相关共育的线上直播、讲座等，向家长宣传科学的教育理念和教育方法，帮助家长提高科学育儿水平。

（2）鼓励家长积极参与幼儿园活动，如六一、新年等主题活动，家长进课堂等，这也是进一步加强家园合作关系的有效途径。

（北京市朝阳区福怡苑幼儿园　宋峥、侯宇菲、

佟美萍、白娟娟）

●难题 32 遇到幼儿妈妈支持班级工作，但爸爸总是唱反调的情况，该怎么解决？

引言：教师与家长建立平等互信关系，是家园共育的重要前提。良好的家园合作需要教师和家长共同努力，和谐的家园关系能够帮助幼儿建立安全感和自信，更好地融入班级环境。在幼儿教育中，家长是孩子成长过程中的第一任教师，为营造宽松和谐的成长环境，父母双方应积极主动参与到教育中，不能单靠一方的努力。家长在教育孩子时应该尽量保持一致，形成正面的家庭氛围，营造和睦的亲子关系。但有时因为家长不了解班级工作，容易对教师的工作产生误解。

面对幼儿妈妈支持班级工作，爸爸总是唱反调的情况，教师应该怎么做呢？

1. 耐心交流，了解家长的真实想法

面对家庭中父母一方不支持班级工作的情况，教师不要急于否定家长的做法，应本着理解尊重的态度与家长沟通，学会换位思

考，让家长放下戒备心，说出自己的真实想法，不要急于马上转变家长观念。如，首先感谢幼儿妈妈对班级各项工作的大力支持与配合，然后了解幼儿爸爸不配合班级工作的原因，鼓励他能明确表达出来。

2. 分析原因，找到解决方法

（1）情况一：幼儿爸爸没有进入班级微信群，不了解班级工作，所以总是唱反调

教师可以邀请幼儿爸爸进入班级微信群，及时关注班级信息，了解班级开展的活动，耐心地帮助幼儿爸爸养成关注班级活动的习惯。如教师可以说："××爸爸，我们经常在班级群内发送一些消息和幼儿活动，以前都是妈妈在群里，您关注得较少，现在我把您拉进群，方便您及时了解班级活动，也希望您和妈妈共同关注孩子的成长。如果对我们的班级管理或活动组织有好的建议，也欢迎您提出来，我们会认真考虑，改进工作，更好地推动班级工作的开展。"

提示：教师要把握好在班级群内发送信息的频率和时间，尽量在家长下班之后发，确保家长能够看到。同时，将通知内容统筹在一起，减少信息发送的频率，以免影响家长工作。还要注意的是，信息内容要简洁明了，条理清晰，便于家长阅读与理解。

（2）情况二：幼儿爸爸了解班级活动，但还是唱反调，不支持班级工作

如果幼儿爸爸不了解班级活动中蕴含的教育意义，不清楚家园共育工作的重要性，也会出现唱反调的现象。针对这种情况，教师可以约定时间与家长进行面对面交流，也可以通过发微信、打电话的方式进行沟通。教师说出班级开展活动的原因以及幼儿在活动中的表现，同时表明家长参与活动的重要性。如教师可以说："××爸爸您好！咱们班孩子最近阅读了《垃圾旅行记》绘本，对垃圾分

类、资源利用产生了兴趣，因此，我们开展了'垃圾分类'活动，并鼓励幼儿将可回收垃圾带到班级中来进行创意制作，所以需要您在家里帮助幼儿共同寻找可利用的废旧物品并带到班级中。"

提示：教师在与家长沟通时，要让家长清楚活动的价值和意义，并能够轻松完成。必要时，教师可以帮助和指导家长完成活动，让家长感受到教师的耐心和专业。

3. 主动与家长建立信任关系

教师可以多在家长群中分享幼儿在园活动的视频、照片、作品等，让家长了解幼儿在园的一日生活。尤其是让不配合班级工作的家长看到幼儿的成长和进步，意识到幼儿园教育的重要性，感受到教师的用心和重视。

4. 及时肯定家长的进步，巩固家长配合班级工作的成果

活动结束后，教师在班级中面向全体幼儿总结和分享，肯定家长的配合，鼓励幼儿与家长分享。

教师可通过美篇、公众号文章、视频等形式对活动进行宣传，并在班级群中分享，肯定家长的努力和付出，对表现突出的家长进行表扬，感谢家长的配合。

提示：教师对于以前唱反调，但现在配合班级工作的家长要及时肯定和鼓励，并提出新的期待，共促幼儿发展。

5. 开展多种形式的活动，帮助家长树立正确的家园共育观念

教师要充分利用各种资源，如专题讲座、育儿心得分享、学习推送等形式向家长宣传科学的育儿观念，意识到家园共育的重要性。班级教师还可以开展丰富有趣的亲子活动，如运动会、庆新年、庆六一等。活动后鼓励幼儿与家长说一说参加活动的感受，让家长切身体会到幼儿在活动中的成长和变化，密切家园关系。

（北京市朝阳区光华路幼儿园　索思、郭娜）

●难题 33 面对家长"说一套做一套"的行为，教师该如何应对？

引言：家园共育是促进幼儿健康发展的重要途径，家长的支持能够帮助教师更好地了解孩子，家园联动形成教育合力，提升幼儿园保教质量。但在幼儿园的实际家园沟通工作中，部分家长会出现和班级教师沟通内容与实际行为不一致的现象。

那么，面对家长"说一套做一套"的行为，教师应该如何应对呢？

1. 积极沟通交流，理解家长顾虑

有的家长之所以处处维护自己的孩子，是害怕孩子受到伤害或被嫌弃。教师可利用面谈、电话等方式积极与家长沟通，了解家长的顾虑及真实想法，并说明自己的初衷是希望孩子能获得更好的发展，让家长感受教师对孩子的爱与关注。如教师可以说："××家长您好，小班孩子自理能力的培养是孩子身心发展中十分重要的内容之一，良好自理能力的养成不仅能帮助孩子提高自我保护能力，而且能增强孩子的自信心。自理能力单在幼儿园培养肯定是不够的，需要家园共同努力帮助孩子，所以想向您了解下孩子在家时自理能力是什么样的情况呢？找您沟通也是为了让咱们的孩子越来越棒，所以需要向您了解孩子在家的真实情况，咱们共同努力帮助宝贝健康发展。"

2. 结合沟通情况找到应对策略

（1）在肯定评价与赞美中建立和谐家园关系

在家长面前，对幼儿给予肯定的赞扬多于否定的批评，每个幼儿都有其闪光点，教师的鼓励和欣赏是巨大的教育力量。通过赞美，不仅可以表达对幼儿的真诚欣赏，也是对家长的一种鼓励。如教师可以说："××小朋友平时很喜欢画画，每次的作品都很有创意，总会吸引很多小朋友围着欣赏赞美，他的动手能力、创新能力都很强。"

（2）在尊重与礼貌交流中达成教育共识

在与家长交往的过程中，教师应做到文明礼貌、尊重对方。避免使用教训式的口吻，特别是孩子在幼儿园"闯了祸"时，仍要给对方以尊重。家园之间应在相互尊重和理解的基础上建立合作关系。例如："××妈妈您好，近期孩子经常会玩用拳头击打其他小朋友的游戏，这种行为很容易伤到其他人。不过出现这种现象您也别着急，小班孩子喜欢模仿，且动作发展大于语言发展也是这个阶段的年龄特点之一，我们老师在幼儿园会通过集体活动、环境创设等适宜的方式帮助孩子。需要向您了解孩子在家的情况，比如近期是否看过打斗类的影片或图书？或者有没有看到周边人有过此类行为？咱们一起分析原因，共同努力帮助孩子学会正确的交往方式。"

提示：与家长沟通应态度谦和，语气温和真诚，用词恰当，不卑不亢。但也不要为了一味讨好家长而顺着家长的想法走，家长说什么就是什么，没有自己的想法和建议。一味跟随家长的想法以及讨好型的沟通会让家长觉得教师不够专业，造成对教师的不信任及对班级工作的不配合，而是应该真诚地交流，用专业说话。

（3）在家园共研中解决问题

当幼儿出现问题时，教师不仅要和家长就问题进行分析，更要一起研究解决问题的方法。家长关心幼儿在园的表现，但更想了解如何帮助幼儿改正缺点，帮助幼儿更健康、快乐地成长。教师应利用自己的专业知识和经验，与家长共同寻找解决方案。如针对孩子喜欢玩用拳头击打其他小朋友的游戏情况，教师可以与家长共同分析原因，共同讨论解决问题的教育策略。例如，基于孩子喜欢模仿的特点，请家长在家避免给孩子观看打斗类影片、图书；为孩子提供正确交往类的图书、影片等；通过亲子阅读与孩子共同学习正确的交往方式；在日常生活中避免在孩子面前出现打斗类行为等。

（4）在高情商回复中获得家长信任

面对家长的客套话或不同的意见，教师应以高情商的方式回应，通过表达让家长知道教师对孩子的关心和教育计划。同时，感谢家长的信任和支持，表明家园合作的重要性和自己的专业性。

（北京市朝阳区光华路幼儿园　张旗、彭雪洁）

教师与家长沟通篇

难题 34 家长问：孩子在家中午不睡觉，在幼儿园能不能让他自己在外面玩会儿，看会儿书？

情景描述： 明明妈妈反映明明精力旺盛，在家里基本不怎么睡午觉，询问老师其在园午睡情况。妈妈想：如果孩子中午睡不着，教师是否可以让他自己在外面玩会儿。教师询问了妈妈孩子晚上放学回家后的作息。妈妈表示孩子放学后会在公园和小伙伴踢球，玩累了就回去洗漱睡觉了，早的话 7 点多就上床睡觉了。如果不出去活动，晚上很晚才能睡觉，第二天早上起不来还有"起床气"。

作为老师，你该怎么和家长沟通呢？

1. 结合幼儿生长发育需求，向家长说明情况

午睡对 3～6 岁幼儿的身心发育很重要，充足的午睡可以增强幼儿身体的免疫力，促进幼儿情绪稳定，缓解身体疲劳。

部分幼儿精力旺盛，晚上放学后喜欢通过户外运动释放精力，这样回家才能睡觉。如果他们的精力没有得到完全的释放，就会出现在床上翻来覆去睡不着的情况。家庭晚上的活动内容导致其形成了这样的作息循环，睡前剧烈活动会对幼儿自主入睡习惯产生一定干扰。家长可以适当调整幼儿睡前活动内容，帮助幼儿养成良好的自主入睡习惯。

2. 家园共育，促进幼儿健康成长

作为老师，如何通过家园共育的方式帮助幼儿养成自主入睡的习惯，形成健康的作息呢？

（1）创设适宜入睡的环境

家长创设安静舒适的睡眠环境，如把家里的灯光调暗、放轻柔的音乐，家庭对话低声轻语等。父母或家人减少陪伴，培养幼儿自主入睡的意识。在幼儿园中，教师需关注幼儿的睡眠行为，教师可先在旁进行陪伴，慢慢养成习惯后鼓励幼儿自主午睡。

（2）共同制定睡前计划

父母可以与幼儿共同制定睡前一小时计划，开展亲子阅读、亲子益智游戏等活动。通过这种规律性的活动，帮助幼儿做好入睡前的准备。在幼儿园中，老师可以和幼儿共同商量入睡前的安静活动计划，通过投票等方式选出最适宜的几种睡前活动。

（3）调整孩子作息时间

周末父母和幼儿共同规划在家的一日生活，每个时间段具体可以做什么，教幼儿看时钟、设置闹钟、自己入睡和起床。父母要做好孩子的榜样并及时肯定幼儿的点滴进步。当幼儿遇到挫折和坚持不下去时，父母要保持稳定的情绪并及时疏导幼儿的情绪。

（4）充足的户外锻炼，提高睡眠质量

根据幼儿生长发育需求，每天的户外活动时间应不少于两个小时。在户外，幼儿可以接触到阳光、空气、水源等自然元素，这有助于促进他们的生长发育和免疫力的提升，在锻炼身体的同时可以消耗幼儿的精力和体力，帮助他们更好地入睡。

（5）尊重幼儿个性需求

当睡眠时间较短的幼儿出现午睡早醒的情况时，教师可轻声提示幼儿下床，做一些安静的、不打扰其他幼儿的个性化活动，如看书、玩魔尺等，同时给予必要的安全看护。当幼儿偶有中午睡眠时间较足的情况时，教师应对幼儿给予肯定和鼓励。

（北京市朝阳区福怡苑幼儿园　郭丽媛、祖辰）

• 难题35 家长问：孩子这么大了，每天起床特别费劲，天天迟到，怎么引导？

情景描述： 一天早晨，在幼儿园大门即将关闭时，门口值岗的老师看到辰辰妈妈又一次匆忙地拉着辰辰跑到门口，然后十分着急地拉着辰辰入园。辰辰妈妈特别苦恼地跟老师说："这都要上大班了，每天起床还是得叫好几次才起，起来后也是各种磨蹭，总是迟到。现在我一想到晨起就发愁，这可怎么办呢？"

作为老师，你如何与这名家长沟通呢？

1. 综合多种因素，引导家长理性看待

幼儿的生活作息是影响幼儿能否早起的直接因素。很多时候，幼儿早晨起床困难与前一天入睡较晚或近期晚睡的作息密切相关。幼儿晚间睡眠时长应保证在 9～10 小时，当睡眠时间不足时，幼儿会不愿起床，或强行起床后精神状态不佳。因此家长应为幼儿提供足够的睡眠时间，并且持续稳定地保障睡眠充足。

叫醒方式也会在一定程度上影响幼儿起床的意愿和方式。当家长觉得晨起时间不够充分时，有时候会急促地叫醒幼儿，有时候在态度、语言和动作上略显"粗暴"，当幼儿晨起的感受不佳时，对家长的叫醒会表现得十分抗拒。

幼儿的时间观念也会影响早起。对于部分时间观念较弱的幼儿，他们没有意识到按时起床对于一日活动的重要性，仍需要成人引导和提示。

2. 巧用策略培养习惯，健康作息快乐早起

（1）家长树立榜样，持之以恒地帮助幼儿建立健康作息

家长要尽量在家庭生活中早睡早起，与幼儿作息保持一致。有

些家庭还可以通过早起锻炼等方式和幼儿建立早起后共同活动的健康习惯。每当幼儿想到早起后有自己感兴趣的活动，自然更愿意主动起床。

（2）以游戏的方式灵活自然地唤醒幼儿，使幼儿愿意主动早起

接近早起时间时，家长可以通过温和好听的声音慢慢唤醒幼儿的意识，通过一个温柔的拥抱叫醒幼儿，或亲亲幼儿的五官，与幼儿玩"五官起床"的游戏。对于大班的幼儿，家长还可以邀请幼儿自主选一个小闹钟，每天自己定闹钟，当这个"好朋友"次日响起时，就赶紧起床。

（3）结合一日活动作息，引导幼儿树立时间观念，愿意按计划做事

时间观念的培养非一日之功，家长可以与幼儿园携手，共同培养幼儿良好的时间观念。让幼儿自主制定自己的一日活动计划，成人鼓励幼儿按计划施行，完成起床、游戏、入睡等一日安排，及时肯定和奖励幼儿按计划做事的行为，引导幼儿理解时间观念对于自己生活的重要性，进而在生活中能够遵守时间约定，早睡早起。

（4）家园配合的几点提示

①幼儿早起习惯的养成需要一个过程。在初期，幼儿可能还会迟到，但是对于早起的情绪状态有所转变，整体情绪更加积极。因此，家长和教师应理解幼儿，要善于发现和鼓励幼儿的进步，切不可"一刀切"，要求幼儿一次到位。

②家长和教师可以为幼儿设计家园一致的"早起打卡"活动，鼓励幼儿坚持早睡早起，按时来园。通过教育影响相一致的方式，巩固幼儿的好习惯。

③对于个别有实际困难的家庭，教师也应予以理解。在幼儿入园迟到后，教师应多关注幼儿的情绪适应和精力情况，陪伴幼儿尽

快调整状态，较快投入幼儿园快乐的一日生活中。

（北京市朝阳区福怡苑幼儿园　秦雪、肖微、刘霞、褚君）

●难题36　家长问：孩子晚上放学回家总吃东西，是不是在幼儿园没吃饱？

情景描述： 豆豆妈妈近期十分焦虑，于是向老师反映，豆豆自从上幼儿园以来，每晚回到家里后，都会吃一些水果、饼干等食物，有时候还会在家再吃一顿晚饭。妈妈觉得很疑惑，难道豆豆在幼儿园没有吃饱吗？带着疑问，妈妈询问了孩子，孩子表示自己吃饱了。询问了老师，老师也反馈孩子吃得不错。通过与其他家长的交流，豆豆妈妈了解到班中其他小朋友也存在这种现象。豆豆这是怎么了？晚上回家还可以吃东西吗？豆豆妈妈很焦虑。

作为老师，你该如何与家长沟通呢？

1. 结合幼儿身心特点，向家长说明原因

（1）生理发育需求

一方面，幼儿生理结构还未发育成熟，他们的胃容量相对较小，每次进餐时吃不了太多食物，就会产生饱腹感。而且幼儿新陈代谢速度较快，需要比成人更频繁地进食来补充能量。另一方面，幼儿身体正处于生长发育阶段，需要的热量有所增加，因此更容易感到饥饿。

（2）饮食习惯影响

有些幼儿在入园前，可能就养成了晚间吃零食的生活习惯，部分幼儿为了在家里多吃自己喜欢的食物，会有意识地在园里少吃一点。

（3）能量消耗较快

孩子在一日活动中会消耗大量能量，尤其在夏天，消耗更多。

有时候放学后，孩子们还会在户外多玩一会儿，这些活动都会较快消耗自身能量。因此，当他们回家后，部分幼儿会感到饥饿，这是十分正常的现象。

（4）饮食环境不同

在园时，幼儿处于集体就餐的环境，容易被一些外部因素干扰进餐的注意力。在家中，幼儿会更为放松自由，有时会更倾向于回家和家人一起进餐。

（5）家长影响带动

有些家长担心孩子在园没吃饱，回家后会为幼儿主动提供额外的食物；还有些家庭有吃夜宵的习惯，鼓励幼儿晚上与大人再吃一顿，等等。

2. 家园巧配合，引导幼儿形成健康饮食规律

（1）根据幼儿需求适量补充食物

幼儿园食谱是根据幼儿的年龄特点制定的，按照三餐两点的方式提供每日的膳食。按照作息安排，幼儿园晚餐时间大约在16：30开始，17：00前结束。当家长询问老师，孩子回家后要不要吃东西时，老师可以结合日常对幼儿的饮食情况观察，提示家长可以适当吃一些。并且结合幼儿晚间作息安排，告知家长，从放学到晚上入睡前这段时间，幼儿想适量吃一些食物是正常需求。及时提醒家长给幼儿补充的饮食量要适中，避免食用不易消化的食物，以免导致幼儿腹胀及腹痛。

（2）根据季节变化提供不同的食物

积极缓解家长焦虑，回应家长晚间进餐的问题时还应引导家长关注食物与季节的搭配。如春季幼儿生长较快，应及时供给富含钙质的食品和富含维生素D的食物；夏季天气炎热，是幼儿体能消耗最多的季节，家长在晚间应为幼儿提供清淡、消暑的食物；秋季天气干燥，是增长体重的最佳时节，我们既要给孩子提供富含蛋白质的食物，又要预防孩子肥胖，特别是晚间补充的食物量要予以重视；冬季是幼儿储存能量的最佳季节，家长应在晚间为幼儿补充一定的进餐量，在满足幼儿生长需要的同时，也要注意适量，以免造成积食。

（3）提示家长关注幼儿园的食育文化，并且为幼儿树立健康饮食的榜样

一方面，通过家长会、家访等方式，教师可与家长进行有效的沟通合作，向家长传达有关健康饮食的建议，介绍幼儿园的食育文化。家长通过调整自己在家的饮食行为，为孩子树立一个健康饮食的榜样。另一方面，幼儿园可以为家长提供科学饮食方面的指导，邀请家长参与幼儿园的食育活动，感受幼儿园为幼儿提供的科学饮食规划。

（4）家园配合的几点提示

①幼儿饮食习惯的培养与调整是渐进的。幼儿园应引导家长通过一日活动作息的安排与调整，引导幼儿形成健康饮食的主动意愿和生活习惯。

②对于个别幼儿晚间进餐量较大的特殊情况，家长和教师应在尊重幼儿个体化需求的基础上，科学合理地帮助幼儿调整饮食结构。

（北京市朝阳区福怡苑幼儿园　崔洋、索天龙）

难题 37　**家长问：孩子说幼儿园小朋友不喜欢他，不愿意跟他玩，还说小朋友"说"他了，有这么回事吗？**

情景描述：早来园时，天天姥姥和老师提到天天回家后总是说幼儿园里没有小朋友跟他玩，平常都是他自己玩，还提到小朋友

"说"他了。老人很着急，她不知道孩子说的情况是否属实，一方面担心班里同伴欺负天天，另一方面担心天天遇到这样的情况没有主动告诉老师。于是在近期接送时，姥姥会反复向老师询问有没有小朋友跟天天玩，有没有人欺负天天等问题。

作为老师，你该怎么和天天姥姥沟通呢？

1. 分析幼儿行为，帮助家长了解原因

教师面对家长的担忧首先要充分重视，理解家长。教师可以通过儿童视角向家长解释幼儿交往的特点，帮助家长认识到幼儿交往能力的发展是循序渐进的，是基于幼儿的语言表达、心理需求、社会性认知等多方面能力综合发展起来的。社会性交往对每个幼儿的发展都很重要，但每个幼儿的交往需求、交往认知和交往技巧等发展具有差异性。天天当下产生了交往需求和愿望，渴望与同伴互动交流，但可能缺乏技巧和方法，成人可以予以理解和引导。

其次，与同伴互动的交往情境多发生于幼儿园。相比于幼儿园的交往环境，幼儿在家庭交往时，成人更为主动和积极，因此，当幼儿在幼儿园进行交往时，部分幼儿呈现出缺乏主动交往、主动沟通的状态，部分幼儿会表现为独自游戏或观望他人。

此外，语言表达能力也会影响幼儿的交往表现，如幼儿不爱表达或常常词不达意，不能主动与同伴表达一起游戏的清晰意愿。或者，当幼儿与同伴交往出现矛盾时，无法清楚解释或进行回应等，这些因素也会影响幼儿与同伴的交往互动。

2. 家园携手，帮助幼儿收获更多朋友

（1）与家长积极分享教师在园支持幼儿交往的教育方法和策略

如教师组织开展"我们是好朋友"系列活动，将同伴交往贯穿在一日生活中，为幼儿提供自由交往和游戏的机会。同时利用同伴学习，鼓励同伴之间分享交往的方法。家长在家也可以帮助幼儿巩固在园学习到的交往方法和经验。

（2）提示家长利用亲子阅读时间，阅读与同伴交往相关的图书

如《我想和你交朋友》。在阅读的过程中或者阅读后，与幼儿聊聊如何发起交往，如"我们可以说什么?"用问题的形式与幼儿探讨没有找到好朋友一起玩的原因是什么等，帮助幼儿梳理交往经验，增强自信，激发其主动交往的意愿。

（3）主动交往

家长可以利用放学或周末的时候，鼓励幼儿主动邀请几个同班幼儿在公园或家里玩耍，在不断熟悉和持续交流中，帮助孩子增进彼此之间的情谊。

（4）邀请家长参与座谈活动

如针对"如何丰富幼儿交往经验"的话题，教师与家长开展座谈活动。可以邀请幼儿家长交流分享育儿经验，实现策略共享。

（5）家园配合的几点温馨提示

①家长可以先观察幼儿与同伴交往的行为，不要过早、过急干预，多留给幼儿一些思考的时间和空间，鼓励他自己去解决问题。

②家长与幼儿聊交往的话题时，尽量不要让幼儿直接面对这个困境，以免挫伤幼儿自尊心。家长可以借助绘本故事中的人物，鼓励幼儿帮助主人公去解决问题，肯定幼儿提出的好方法，再给予一些针对性的建议，启发幼儿在实际生活中加以运用。

（北京市朝阳区福怡苑幼儿园　刘娜、张莹、肖微）

• 难题 38 **家长问：群里发的照片，我家孩子好像不太高兴，是怎么了？**

情景描述：春暖花开，幼儿园里一片生机盎然。小朋友和老

师在户外玩"找春天"的游戏。教师将拍的照片发到家长群，和家长一起分享孩子们探索的精彩瞬间，感受他们的快乐和专注。家长收到活动的照片，积极写下感受，同样也把自己对春天的希望和教育思考进行分享。过了一会儿，老师收到了芮芮妈妈的一条私信，她写道：老师您好，我发现芮芮蹲在灌木丛下，表情好像有些呆滞，孩子受什么委屈了吗？还是发生什么不愉快的事情了？

作为老师，你该怎么和家长沟通呢？

1. 倾听儿童，"童"真感受

游戏能促进幼儿认知能力和学习能力的发展，当幼儿专注于观察时，老师可以用照片记录下幼儿专注的神态。而当幼儿的注意力得不到保护时，注意力就会慢慢减弱，表情容易变得呆滞。教师可以给家长分享幼儿游戏的视频片段，使家长感受到幼儿是被重视且和伙伴有观察、有记录、有商讨、有合作的。在活动过程中，幼儿是主动的、积极的并能够保持专注的状态。

2. 家园携手，"童"创成长

（1）教师通过观察幼儿与同伴、教师、材料等的互动，提前了解幼儿的游戏情况。教师对幼儿的观察是多层面的，在观察幼儿玩游戏的同时，教师可以透过幼儿的互动语言、动作分析其认知、情绪情感等方面的情况，从而衡量幼儿当下的游戏状态和情绪。

（2）通过照片、视频、观察记录等方式，分享幼儿的发展和进步，使家长感受到教师对幼儿的关注，感受到班级教师及小朋友的友好氛围。教师要理解家长的情绪，通过与家长沟通了解幼儿在园状态，也为家长提供更多的陪伴方式。通过分享活动，使家长感受到孩子在幼儿园中的成长是十分重要的，可以有效提升家园共育的效果。

（3）和家长介绍活动的形式和目标，感受幼儿的游戏情况，引导家长关注幼儿的游戏品质，而不仅是幼儿的神态表情。照片是幼儿一日生活的表征，是对活动的印象之一。幼儿园的活动常常是小小的活动，隐藏着大大的教育意义，使幼儿在活动中稳步提升，发展幼儿探索、思考的能力。

（4）鼓励家长每天抽出时间与幼儿聊一聊在园生活，知道幼儿每天在幼儿园做了哪些事情，以便直观了解幼儿的成长。教师向家长反馈幼儿的游戏活动也培养了幼儿的学习品质，如保持对事物的好奇心与学习兴趣，是幼儿在学习中能保持专注的前提，更是开拓幼儿想象力和创造力的基础，所以家园对幼儿学习能力的培养需要保持一致。读懂幼儿不仅是教师的一门功课，也是家长的必修课。

3. 教师反思，同研共进

（1）及时关注幼儿的情绪

在幼儿游戏时，教师可以通过幼儿的表情、动作、语言等，关注幼儿的游戏状态，以便根据幼儿的情绪状态给予适宜的支持，也便于后续和家长反馈幼儿的在园表现。

（2）主动向家长反馈幼儿在园的表现

教师主动反馈幼儿在园表现可以让家长更加了解幼儿园开展的活动，更好地促进家园沟通，做好家园共育工作。

（3）在活动中，利用多种方式记录

可以将活动的视频照片进行整理，利用这些照片、视频组织班级教师学习、研讨幼儿的语言，识别和分析其行为背后的教育意义。

（北京市朝阳区福怡苑幼儿园　张思琪、刘心钰）

● 难题 39 家长问：孩子总跟一个小朋友玩，没有其他好朋友，这可怎么办？

情景描述： 玉玉妈妈反映，最近一段时间，玉玉回到家总是说和明明在幼儿园里发生了什么事，而且放学时他们两个也总结伴一起玩，玉玉说因为明明是她最好的朋友。玉玉妈妈有点焦虑，想找老师了解一下玉玉在幼儿园是不是只和明明一起玩，还有其他朋友吗，明明不来幼儿园时，玉玉会不会感到孤独等；还很担忧上小学后，如果玉玉总跟一个小朋友一起玩，会不会出现交往问题。

作为老师，你该怎么回应玉玉妈妈的困惑？

1. 引导家长理解幼儿年龄特点，缓解焦虑

首先，教师应该表示理解家长的心情。孩子总跟同一个小朋友玩，家长确实会担心孩子在交友方面存在一些问题。其次，共情后，教师应该引导家长从儿童视角出发考虑问题。孩子在幼儿园有自己喜欢的稳定伙伴，对她来说是非常开心的事情。因为幼儿在这个时期的情绪情感逐渐稳定下来，在班上的朋友也会相对较稳定，同时幼儿在这个时期也有交朋友的需求，且更倾向于和自己比较熟悉、喜欢的同伴一起玩耍。玉玉和明明住在同一个小区，在上幼儿园前就彼此熟悉，是很要好的朋友，上幼儿园后经常在一起玩是很正常的现象。

2. 家园汇聚合力，助力幼儿成长

（1）与家长沟通科学的教育理念

教师可以通过给孩子讲述绘本故事，如《南瓜汤》《我有友情要出租》，帮助幼儿理解友情、朋友的意义。在一日生活中，尽可能多地创造与同伴合作的机会，比如邀请小朋友共同表演童话故事，在户外活动中合作摆放运动器材，在角色游戏中学习说一些常用的交往语言，在教育活动中开展小组讨论，提供共同交流的机会等。此外，为幼儿创设良好的心理环境，让幼儿感受到集体生活的美好，获取积极的情绪情感。

（2）面对当下的情况，家长可以有意引导幼儿与更多的伙伴进行互动

可以通过某一事件的发生引起与幼儿交谈的话题，如班级中有小朋友要过生日，邀请了很多朋友一起去参加生日聚会，他们一起吃蛋糕、做游戏，发生了很多有趣的故事。可以通过此类似事件激发幼儿与同伴互动的兴趣，在自己过生日时也可以邀请班里的伙伴一起来玩。

（3）家园配合的温馨提示

①在幼儿园关注幼儿的合作游戏，并将幼儿合作游戏的照片或视频与家长进行分享。当幼儿与其他同伴合作游戏时，家长应对幼儿的合作行为给予及时的鼓励与赞扬，并请幼儿讲一讲在幼儿园和同伴合作游戏的故事。同样，当发现幼儿在园外和新伙伴交流或游戏时，家长也可将情况反馈给教师，在班级中分享幼儿结交新朋友的事情，帮助幼儿建立自信心，获取积极的情绪情感体验，在家园共同引导下帮助幼儿获取与新朋友交往的经验。

②创造更多与同伴交往的机会。在家庭中，可以通过角色扮演游戏引导幼儿获得与同伴交往的方法和技巧，也可以利用家长自身的资源或人际关系让幼儿接触并融入不同的场合，帮助幼儿获得更多与同伴交往的机会。

③在幼儿园外，鼓励幼儿主动与新朋友进行沟通和交流。如将新买的玩具与同小区的伙伴进行分享，鼓励幼儿与新朋友开展合作游戏。当同伴间发生矛盾时，要对幼儿进行心理疏导，引导幼儿学

会换位思考，理解同伴的想法和感受。

（北京市朝阳区福怡苑幼儿园　付潇潇、安琪）

●难题40 家长问：孩子回家说我不喜欢××小朋友，因为他总抢我玩具。有这种情况吗？

情景描述： 迪迪妈妈反映迪迪最近很抗拒上幼儿园，每天早上起床都会哭闹说不去幼儿园。几次询问原因，孩子都说在幼儿园有一个叫恒恒的小朋友总是抢她的玩具。妈妈担心孩子在园与小朋友闹矛盾。

这种情况下，教师该如何和家长沟通呢？

1. 主动沟通，及时了解情况

（1）教师间互通情况

收到家长的反映后，教师需要第一时间与同班教师沟通了解近期幼儿在园情况和情绪状态，细致了解是否有类似情况发生。

（2）主动与家长了解情况

认真倾听家长的叙述，安抚家长焦急的情绪，与家长产生共情，同时通过沟通了解家长对此事的看法和诉求。如果真的存在小朋友之间抢玩具、推搡等情况，教师一定要告诉恒恒小朋友这样做是不对的，引导他学会正确与同伴相处的方式，并向迪迪道歉。同时与恒恒家长进行沟通，让家长知晓，在家中引导恒恒与同伴友好相处。

（3）从幼儿年龄、思维特点出发为家长分析

幼儿对"被欺负"的理解可能与我们成人有点不同，别人不小心地触碰、玩游戏没有邀请他或者抢了他手里的玩具，成人可能会认为孩子被欺负了。但其实孩子的世界很简单，思维方式也很简

单，彼此之间也许没有恶意，只是缺乏语言沟通，这就是幼儿显著的年龄特点，也是成人与孩子思维的不同之处，对于"欺负"的理解也不同。

2. 引导幼儿正确与同伴交往

（1）正面安抚幼儿情绪，拓展解决问题的方法。耐心向幼儿询问在幼儿园发生的开心或不开心的事情；鼓励幼儿积极与教师分享自己的情绪；让幼儿可以信任老师，愿意表达自己的情绪。当有同伴争抢或吵架的情况发生时，教师可通过集体教育活动共同与幼儿讨论如何友好相处；如果有小朋友做出不好的行为要及时引导幼儿向同伴道歉，有友好相处的行为时及时给予表扬与认可。开展"怎样交到好朋友"等类似的主题活动，让幼儿学会与同伴交往的方法，体验友谊的美好。

（2）持续观察幼儿之间的交往情况，主动向家长反馈近期情况。及时与家长沟通，帮助幼儿提高表达与交往能力。

3. 与家长一起做好家园协同配合

（1）在家积极关注幼儿情绪表达

每天放学后，家长可以积极正向地询问幼儿在园的一日生活，营造宽松的家庭氛围，倾听幼儿的表达。同时关注幼儿情绪状态，如果有不开心的事可以询问具体原因，并及时与教师取得联系，了解真实情况。

（2）角色互换、模拟游戏，在真实情境中学习表达与拓展交往方法

家长可以扮演幼儿同伴的角色，尝试用幼儿的思维方式、行为特点进行交往，通过榜样示范为幼儿提供正面、友好的交往方式。例如，有的小朋友其实是想和"你"一起游戏，但可能他不会表达或是表达方式让"你"不舒服了，"你"可以跟他说出来，或者找老师寻求帮助。

（3）传授保护自己的方法

当发现幼儿真的被欺负后，告诉他一定要第一时间找老师或父母寻求帮助、讲述情况，或勇敢地告诉欺负自己的同伴他这样做是不对的，要帮助幼儿学会用正确的方法保护自己。

（北京市朝阳区福怡苑幼儿园　李蓓、姜蕾）

难题 41 家长问：孩子在家里很勇敢，爱说爱笑，可是为什么在幼儿园就不敢表现自己呢？

情景描述： 放学时，妞妞姥姥有些着急地跟老师说，前一天妞妞和小朋友发生了一点小摩擦，孩子心里有点委屈，回家跟家人描述了事情的经过。但是妞妞不敢和老师说，也不敢和小伙伴进行解释。姥姥很担心，说妞妞在家里其实挺爱说爱笑的，也不胆怯和别人交流，但是不知道为什么在幼儿园不敢表现自己，也不敢跟别人表达自己的想法。

如果你是老师，该怎么和家长沟通呢？

1. 探究不敢表现自我的深层原因

（1）3～6 岁幼儿处于品德行为建立期

随着升入大班，幼儿开始评估自己的行为并对其进行控制。他们更加在意他人的评价，并希望得到同伴和老师的认可与接纳，所以可能会因为担心自己表现得不好而不敢表达。

（2）幼儿自我意识增强

随着年龄的增长，孩子开始对事物有自己的理解和看法，希望能更好地表达和呈现出来。在自己没有组织好语言或者还没想好如何表达时，会出现不敢表现自己的情况。

（3）幼儿语言表达能力有限

语言是思维的外壳。当幼儿积累的词汇量以及语言组织能力还不能很好地表达自己的想法时，他们会害怕被他人嘲笑或排斥，因此不愿意表达自己的想法。

（4）幼儿形象的变化

大班幼儿正处于换牙期，掉牙会影响孩子的外貌，还会出现说话漏风、词语发音不标准等现象，有的幼儿在大班开始戴矫正眼镜等。在意形象的大班幼儿，尤其是女孩子，容易变得拘谨，不那么爱在幼儿园说笑了。

2. 家园携手，共助幼儿在园自信大胆地表现自己

（1）教师要抓住幼儿良好品德行为建立的关键期，肯定幼儿能够遵守规则、尊重他人的良好品德行为，以及亲社会表现的自控力。同时，教师也要积极鼓励幼儿以乐观、积极的态度去表达自己的想法，帮助他们建立自信，勇于展现自我。

（2）教师及时与家长反馈幼儿在园情况，并与家长沟通了解幼儿在家的情况，共同协助幼儿勇敢大胆表达，建立积极向上的自我认知。

（3）在园中为幼儿创设开放性的教育环境，鼓励幼儿实现自己的想法、愿望和活动计划，使幼儿获得成功的体验，从而增强自信心。

（4）面对孩子们成长中外貌变化的小"烦恼"（如换牙期等），教师要帮助他们认识到换牙期是成长中一个正常的生理阶段，此时牙齿的脱落和新生是常见的现象，是我们变成更好的自己的重要阶段。请不要因为换牙而感到自卑或羞涩，换牙恰恰证明我们正在茁壮成长，不用害怕说话漏音，我们可以多说话锻炼，从而适应牙齿的变化，让发音更加清晰。

（5）家园配合的几点提示

①如果家庭教育环境改变（如更换监护人），请家长和老师保

持密切沟通，以便老师能够提供有针对性的支持和帮助，共同关注幼儿身心健康、情绪变化，护航幼儿成长。

②在日常生活中，鼓励幼儿多表达，带领幼儿在亲朋聚会或者同伴游戏中大胆地表达自己，习惯在不同的人群和陌生的环境中表达自己的想法。

③在家庭教育方面，家长应避免过度保护。期望过高或过度干涉都会导致幼儿形成畏惧心理，不敢在公众面前表现自己。家长应该提供一个安全且能够为幼儿提供支持和鼓励的家庭环境，避免对孩子有过高的期望和过多的限制。

（北京市朝阳区福怡苑幼儿园　闫鹤、金豆豆）

难题42　家长问：孩子做事总是丢三落四怎么办？

情景描述：亮亮妈妈反映孩子做事总是丢三落四，不是出门忘记戴口罩，就是忘记把帽子放在了哪里，甚至刚刚玩过的玩具转眼间就找不到了，像这样的事情时常发生。亮亮妈妈担心长此以往，影响亮亮的小学生活，所以每天都会叮嘱老师，要及时提醒亮亮把自己所有的物品装进背包里带回家。

作为老师，你会怎样和家长沟通呢？

1. 站在孩子的角度，帮助家长查找原因

首先，亮亮正处于学龄前阶段，这一时期，孩子的自理能力还在逐步形成和提升中。总是依赖他人的照顾，就会导致他缺乏自我服务意识，出现物品乱丢乱放、丢三落四的现象。

其次，亮亮丢三落四的行为还体现了他缺乏一定的责任心，没有意识到要对自己的物品负责。由于他已经习惯了依赖他人，当需要他对自己负责的时候，往往会显得不知所措，不知道如何去做或

者做了也做不好。

最后，亮亮丢三落四的行为可能受到家庭环境的影响。如果家中长辈也有丢三落四的习惯，或者家中物品摆放杂乱、收纳没有固定地点、使用后的物品随意摆放，孩子很可能在这种环境中潜移默化地模仿这些行为。

2. 家园携手，共同面对

首先，我们要善于和孩子沟通，去倾听他内心的声音。帮助亮亮养成收纳的好习惯，指导他如何归类和整理物品，使用收纳盒等工具有序地存放物品。通过这种方法，帮助亮亮在整理和分类物品的过程中逐渐提高自理能力、思考能力和动手能力。

其次，为了增强亮亮的责任心，我们可以尝试一种更为自主和独立的方法。在亮亮出门前，我们不再频繁地嘱咐和提醒他需要带哪些物品，而是鼓励他主动思考并列出今天需要携带的物品清单。然后再让他逐一装进他的背包内，最后再让他自己检查一下背包内的物品是否带齐。通过这些行为帮助他逐渐形成自我服务的意识以及良好的责任心。

最后，作为家长，要努力为亮亮提供一个整洁有序的家庭环境，明确家庭的空间关系。结合即将升入小学的现状，告诉亮亮要学会管理自己的物品，包括文具盒、笔等，让他形成对自己东西负责的意识。家长可以经常陪孩子一起整理他的玩具、学具和衣物，让孩子在空间中感到这个地方是有秩序的。同时家长应避免包办代替，鼓励孩子自己的事情自己做。每次玩过玩具后，都要求他把玩具放回原位。当再次出现丢失玩具的情况时，让他接受后果并自己想办法解决问题。

此外，还可尝试带亮亮做一些提升专注力的小游戏，如"找不同""走迷宫""配对连线"等，通过小游戏来提升亮亮做事的专注力，增强他的抗干扰能力。需要注意的是：亮亮在专注做一件事时，我们一定要保持安静，不要去打扰他，切忌一会儿给他端点水果，一会儿给他端杯水。当他有进步的时候，要及时给予肯定及鼓励，以形成正向循环。长久坚持下去，他就能明白什么事情是应该做的，就能更加有意识地关注自己的行为，从而不断提升自我管理能力。久而久之，亮亮丢三落四的问题也能够得到有效解决，好的行为习惯也会逐渐养成。

面对孩子丢三落四的问题，家长切记不要以暴躁的方式去处理，而是应该巧妙地去化解，这样才能够有利于孩子的成长。

（北京市朝阳区秀园幼儿园　刘欣、张楠、王爱芹）

● 难题 43　家长问：孩子做什么事都拖拖拉拉的，怎么办呀？

情景描述：在进入中班下学期后，墨墨妈妈找到老师沟通："墨墨最近做什么事情都拖拖拉拉的，真是让人着急。每天早晨叫他起床都要磨蹭好久，吃饭也是一小口一小口地吃，就连玩玩具都是慢吞吞的，我恨不得都替他做了，这可怎么办呀？"墨墨妈妈非常着急，同时表示对墨墨未来的小学生活充满担忧。老师观察墨墨在幼儿园的日常行为发现，墨墨做事确实会比其他孩子更慢一些，无论是排队、做手工还是进食，他都需要更多的时间去完成。与此同时，老师也注意到墨墨对细节的关注度很高，他在玩玩具时，经常非常认真地观察和思考，而不是随意摆弄。

作为老师，你该怎么和家长沟通呢？

1. "拖拉"背后有原因

（1）缺乏时间观念

中班幼儿对于时间的观念较为模糊，他们可能不了解一分钟、一小时到底有多长，所以在吃饭、起床或玩游戏时，他们没有明确的时间概念，也不知道应该用多少时间才算合适，时间紧迫感比较弱。

（2）受年龄特点影响

中班幼儿正处于好奇心强、精力旺盛的阶段，他们很容易被周围的事物所吸引，导致注意力难以长时间集中。这使得他们在面对需要长时间集中注意力的任务时，容易分心，表现出拖拉的行为。

（3）受家庭教养方式的影响

每位幼儿的家庭教养方式都会有所不同，如当幼儿行动较为缓慢，出现所谓的"拖拉"后，家长有时会反复催促，在家长的长期催促下，孩子可能会通过家长催促的次数以及声音语调、急促程度来判断时间是不是真的来不及了，如果家长表现得不那么急切，孩子也可能表现出相应的"不着急"态度。

（4）遇到不喜欢做的事情

孩子对于所做的事情没有兴趣，但家长依旧要求孩子完成时，他可能会产生消极或对抗的情绪，想要和家长"对着干"，所以表现为做事慢吞吞、拖拖拉拉的。

2. 解决"磨蹭"有妙招

（1）转变观念，发现"慢吞吞"世界里的美好"风景"

家长需要认识到，孩子的"慢吞吞"并非一无是处，而是他们独特性格和成长节奏的一种体现。每个孩子都是独一无二的，他们有自己的兴趣、爱好和成长速度。因此，家长应该摒弃对孩子行为的刻板印象，以更加开放和包容的心态看待孩子的拖拉行为。

在此基础上，家长可以尝试去理解和欣赏孩子"慢吞吞"的世界。当孩子在做事情时，家长可以耐心观察他们的行为，发现其中美好的"风景"。例如，孩子在搭积木，虽然进度缓慢，但他们的专注力和创造力却在这个过程中得到了锻炼。或者孩子在慢慢地画画，虽然画得不够完美，但他们的想象力和表达能力却在不断提升。

（2）帮助孩子初步建立时间观念，做时间的小主人

第一，从孩子感兴趣的事情入手，增强孩子的专注强度。如在幼儿园的区域游戏时间，鼓励孩子玩自己喜欢的玩具，尝试解决自己遇到的问题。教师与家长对于孩子的专注行为及时给予肯定和鼓励，使孩子感受到自己的成长和进步。

第二，帮助孩子理解时间的重要性。可以和孩子探讨做事不拖拉的好处，潜移默化地培养孩子的时间观念。也可以时常告诉孩子在一件事上花费的大致时间，比如，今天吃饭用了 20 分钟等。还可以准备相应时间的沙漏，如刷牙时摆放 3 分钟的沙漏，提示幼儿沙漏漏完，刷牙这件事就要结束了。通过沙漏的变化感知时间正在快速流逝，从而提高他对时间的认识。也可以由孩子自己尝试安排做事的先后顺序，初步学会管理时间，做时间的小主人。

（3）以身作则，做好榜样

首先，家长要认识到自己的行为对孩子的影响是深远的。孩子的模仿能力很强，他们会观察并模仿家长的行为。因此，家长在日常生活中要时刻注意自己的言行举止，做到言行一致，为孩子树立良好的榜样。

其次，家长要展示出积极、高效的行为习惯。例如，制定并遵守自己的日程安排，合理安排时间，按时完成各项任务。这样，孩子就能从家长身上学到如何管理时间，避免拖延。

最后，家长在面对困难时要展现出积极的应对态度。当孩子看到家长在面对挑战时能够保持冷静、乐观的态度，他们也会受到鼓舞，学会积极面对困难，而不是逃避或拖延。可以鼓励孩子参与一些需要耐心和坚持的活动，如一起种植花草，观察它们的生长过

程；或者一起进行手工制作，体验完成作品的成就感。与此同时，家长要给予孩子足够的支持和鼓励。当孩子表现出拖拉行为时，家长要耐心引导，帮助他们分析问题并找到解决方法，而不是简单地批评或指责他们。

（4）绘本故事助力孩子建立时间观念

挑选一些有意思的绘本故事，如《拖拉机闯祸了》《不拖拉，马上行动》《小猫的生活》《北极巡游魔术团》等相关绘本，在初步建立时间观念的同时，学习合理制定期望和目标。在幼儿园和家中，都为孩子设定明确的目标，并简单制定计划，帮助孩子更好地理解任务。在制定计划时，可对孩子认真说出自己的期望，接纳孩子对这件事的感受。同时，可以根据孩子现有的年龄特点及能力水平，制定合理的时间表，让孩子按时完成任务，并在完成后自己打钩，体验成功的喜悦。但在此过程中，切勿因为心急而包揽孩子的任务。可适当制定合理的奖惩制度，使其慢慢养成习惯。另外，可让孩子提前为下一件事情做好准备，如为自己准备第二天要穿的衣物等。

（北京市朝阳区秀园幼儿园　王瑶、杜航、段炼）

● 难题 44 **家长问：回家问孩子今天学什么了，孩子什么都不说，怎么回事？**

情景描述：笑笑妈妈最近给班级老师发来一条信息，想问问老师最近幼儿园都开展了哪些活动，因为每次问笑笑，她总是什么都不说。笑笑妈妈说："我们想让孩子多说说在幼儿园的活动，我们也好在家里配合，但孩子一点儿也不配合，一言不发。是不是在幼儿园发生什么事了？"

面对笑笑妈妈的困惑与担心，作为老师，你该怎么和家长更好地沟通呢？

1. 了解孩子"什么都不说"的原因

原因一：孩子"什么都不说"也许是真的不记得了。孩子的记忆片段通常较为零散，会存在无法清晰回忆事情完整细节的情况。尤其是幼儿园一日生活环节较多，孩子的记忆难免有疏漏。在家长提问的当下，孩子正在大脑中建构回忆，有时能快速挑选出"学习"部分的记忆，有时确实对这部分记忆模糊从而无法回应。

原因二：问题太抽象，孩子不想回答。"学习"这一话题内容对于孩子来说较为抽象宽泛，家长往往会问"你最近在幼儿园都学习什么了？"而孩子并不了解家长问题中的"学习"到底是什么，超出了他们已有的认知范围，因此抵触回应问题。

原因三：受性格影响，有的孩子不爱表达。不同孩子有不同的性格特点，这也导致他们在日常生活中有不同的行为表现。性格内向的孩子往往不爱表达，把想法埋藏在心里。即使是面对父母的询问交流，孩子也可能保持沉默。

2. 引导家长正确理解幼儿园的"学习"

一日生活皆教育。孩子的"学习"随时都在发生，他们通过不断的实践来学习，而不仅局限于集体教学活动这一种形式。在幼儿园，从小班学习各项生活技能，到中大班学习同伴交往、分工合作，他们的学习来自一日生活各环节。其中渗透了健康、语言、社会、科学、艺术五大领域，提升了孩子的情绪管理能力、语言表达能力、交往能力、观察探究能力、欣赏和表现能力等。

对于学前幼儿来说，应以游戏为基本活动。孩子最自然的活动方式其实就是日常那些生动活泼的游戏，因为游戏最符合孩子的身心发展特点和需求。同时，游戏并不是一味地"玩儿"，而是孩子学习的有效形式。在游戏中，孩子亲自观察操作、产生互动合作、获得情感体验，最终实现个性化的发展。

3. 为家长支招：由"什么都不说"到"什么都想说"

（1）围绕感兴趣的事，做"会提问"的家长

不同的孩子有不同的兴趣点，家长可以围绕孩子感兴趣的事，如绘画、阅读、手工等话题展开对话。将对话中的提问聚焦，问一些孩子能够理解的问题，如："你今天画了一幅什么样的画？""你和好朋友看书的时候发生了什么有趣的事吗？""这么棒的手工作品，你是怎么做的呀？"等。做"会提问"的家长，抛出具象易懂的问题，让孩子有话可说。

（2）营造氛围，轻松聊起幼儿园的趣事

教师向家长推送孩子在园的活动视频，记录精彩趣事。家长在及时了解孩子在园的活动情况后，双方能建立起更多的共同话题。随后在亲子阅读或进餐等家庭环节中，可以在温馨轻松的氛围下打开幼儿的话匣子。

（3）调整心态，等待孩子的点滴变化

家长要多一些耐心和理解，不急于得到孩子的回应，减少自身的焦虑情绪，给予孩子充分的时间。孩子从不爱表达到积极表达需要一个较漫长的过程，家长要调整好心态来迎接孩子每一次的变化，积极地回应，和孩子之间保持同频、温和的情感交流。

（4）借助游戏，打开话匣子

用孩子感兴趣的游戏形式来激发幼儿打开话匣子。如角色扮演游戏：孩子扮演小老师，家长扮演学生。鼓励孩子带着家人一起模拟幼儿园的活动流程，以"小老师"的身份来调动孩子对于幼儿园生活的记忆，从而不由自主地进行分享。在有趣的游戏中，亲子实现充分且有效的互动。

（北京市朝阳区秀园幼儿园　付涵、马京伟、谷金双）

难题 45 家长问：回家让孩子看会儿书，他总是坐不住，怎么回事？

情景描述：远远每天从幼儿园回家后，妈妈都让他先去看会儿书。最近这段时间，远远妈妈发现孩子在家看书的时候，总是坐不住，看一小会儿就不看了。妈妈苦恼地对老师说了这件事情。

作为老师，你可以为家长支哪些招？

1. 倾听家长的烦恼，与家长一起分析原因

（1）注意力发展受限

幼儿正处于活泼好动的年龄，他们的注意力发展正处在以不随意注意为主，随意注意逐渐发展的阶段。不同年龄的幼儿专注力时间是不一样的，中大班幼儿专注力维持在 15～20 分钟和 20～30 分钟。如果强制要求孩子长时间看书，会给孩子过多的压力，导致孩子对看书产生反感情绪。

（2）遇到了不喜欢看的书

孩子喜欢鲜艳的颜色和鲜明的形象，爱读故事情节清晰、连贯的绘本。随着探究意识越来越强，他们喜欢对绘本进行初步的想象和推测，会经历从是什么到为什么的过程。如果书上的文字过多，或是家长挑选的图书孩子不喜欢，他们也会不愿意看下去。

（3）注意力受到了干扰

孩子很容易被生动的、突发性的事物吸引。比如幼儿正在看书，家长从旁边走过、在旁边说话或者玩儿手机，幼儿的注意力很容易就被分散，进而影响他专心地看书。

2. 做"会选书""选对书"的家长

（1）家长在为幼儿选择图书时，要考虑孩子的年龄和发展特点，选择与孩子年龄相符的图书，内容和难度要适中。

对于中班孩子（4～5岁），可以选择图文并茂、故事生动有趣的图画书。

对于大班孩子（5～6岁），可以选择有一定文字量，情节更加丰富且有教育意义的故事书。

（2）了解孩子的兴趣，观察孩子平时喜欢的游戏、话题以及对新事物展现出来的兴趣点。选择与孩子兴趣相关的图书，这样更容易激发孩子的阅读热情。

（3）关注图书的内容，选取内容健康、积极向上的图书，避免暴力或不适宜儿童的阅读内容。孩子通常容易被图画所吸引，选择含有大量插图的图书可以帮助他们更好地理解故事内容。

3. 从"选对书"到"会讲书"，让孩子"坐得住"

如果说选择一本孩子喜欢的图书是让他坐下来的基础，那么家长和幼儿亲子共读就是培养孩子阅读兴趣、加深双方情感联系和促进幼儿语言能力发展的重要活动。因此，在培养孩子养成良好的自主阅读习惯之前，家长陪伴孩子阅读非常关键。如何陪伴孩子阅读并让孩子逐渐参与到讲述过程当中呢？不妨从以下几个方面进行尝试：

（1）互动式阅读

在阅读过程中，鼓励孩子提问，与孩子讨论故事情节，增进理解，激发孩子想象力。

（2）角色扮演

家长和孩子可以扮演书中的角色，如绘画、手工制作或玩角色扮演游戏。通过模仿角色的行为和语言来增加阅读的趣味性，帮助孩子更好地理解和吸收书中的内容。

（3）重复阅读

不要害怕重复读同一本书，重复阅读有助于加深孩子对故事的理解，并学习到新的词汇。

4. 让孩子学会"自己读"的六部曲

鼓励孩子自主阅读故事书是帮助他们形成终身阅读习惯的重要一步。以下是一些策略，可以激发孩子自主阅读的兴趣。

第一部：图书馆之旅

定期带孩子去图书馆，让他们自己挑选图书，并参加图书馆组织的儿童活动。通过这些方法，家长可以有效地鼓励孩子自主阅读故事书，培养他们的阅读兴趣和自主学习的能力。随着时间的推移，孩子会逐渐发展出对阅读的热爱。

第二部：尊重孩子的选择

让孩子自己选择想读的书，尊重他们的兴趣和喜好，这样可以增强他们的阅读动力。家长要了解幼儿对哪方面感兴趣，有针对性地为幼儿选择图书，让幼儿自主自愿地读书，从中获取想得到的知识。

第三部：营造阅读环境

在家为孩子创设一个安静、舒适的阅读区域，减少干扰，让孩子可以专注阅读。比如，在孩子房间找一面墙，没有过多装饰，放一把舒适的椅子和合适的桌子。注意不要把桌子放在窗户面前，因为窗外来来往往的人会分散孩子的注意力。

第四部：设定阅读目标和奖励

阅读前可以和孩子一起制定规则，规则可以是"今天先看完这一本书"，也可以是"看完这本故事书告诉我你学到了什么"。这种遵守规则的阅读习惯长久坚持下去，孩子自然而然就能养成良好的阅读习惯。也可以通过奖励形式激励孩子阅读，例如，阅读完一定数量的书后可以获得小奖励。

第五部：树立榜样

如果孩子在看书，家长却在看手机，孩子的注意力自然而然就会被手机吸引，还会说"你自己都在玩儿手机，让我看书不公平"，因此，家长更需要以身作则，热爱读书，成为孩子的好榜样。孩子会模仿大人的行为，如果家长在阅读，孩子也会更愿意参与到阅读当中。

第六部：讨论图书内容

与孩子讨论他们读的书，询问他们的感受和学到的东西，展示对他们阅读内容的兴趣。比如让孩子画一画书里面最喜欢的人或事物，模仿一次最搞笑的动作，说一说故事里最有意思的话等。

（北京市朝阳区秀园幼儿园 史海燕、王雪、谷金双）

• 难题 46 **家长问：孩子一回家就喜欢看电子产品，不喜欢看书怎么办？**

情景描述：当当妈妈反映："孩子从幼儿园放学回到家之后，立马就拿起手机看，要不就是玩平板，一回家就离不开这些电子产品。我也给他买了很多故事书，想让他看会儿书，可前一秒他还能拿着书翻翻，不一会儿就又玩儿上平板或者手机了。想让他再去看书就不愿意了，说不喜欢看，这可怎么办？"

作为老师，你该怎么和家长沟通呢？

1. 与家长共情，共同分析电子产品给孩子带来的影响

（1）孩子感觉孤独，缺少成人的陪伴

成人在家时往往容易长时间使用手机或平板等电子产品进行办公或者娱乐，有时家里来客人了，为了避免和客人的对话被孩子打扰，就把手机等电子产品交给孩子去玩儿。孩子发现家长不管是处理工作还是休闲娱乐都在使用手机或者平板电脑等电子产品，就认为自己在家里也可以尽情使用电子产品。

（2）同伴之间相互影响（网络歌曲等）

网络歌曲或网络语言具有不分对象的席卷性，对于辨别能力较弱的孩子来说也是无法被屏蔽的存在。同时，孩子易产生从众心理，当身边的同伴经常哼唱起某首网络歌曲时，即使不理解意思也会产生模仿的行为。孩子在无形中对电子产品上的网络世界产生兴趣，想要不断获取新的信息来和同伴进行分享。

（3）在电子产品中能获得比书本和电视上更加丰富的内容

电子产品可以给孩子带来更多不一样的体验，这是电子产品的优点之一。不断更新的庞大网络数据势必带给孩子更新奇、更丰富的内容，但这些内容应该是成人帮助筛选后的。幼儿还没有形成对世界的正确认知，应尽量避免过早接触电子产品。

2. 了解不喜欢看书的原因

（1）孩子不喜欢看书可能是遇到了不喜欢看的书。孩子喜欢的图书类型有其差异性，不同兴趣喜好和不同年龄阶段的孩子喜欢阅读的图书也不尽相同。

（2）现代社会很难完全断绝孩子和电子产品的接触，当孩子接触过电子产品后，其画面和音效更丰富的特性可能更能吸引孩子将注意力从图书转移到电子产品上，这是不可避免的情况。

3. 远离电子产品小妙招

（1）与孩子约定使用电子产品的时间

合理运用电子产品有助于孩子学习，但前提是需要限制电子产品的使用时间。例如，制定规则，每天不超过 1～2 小时，周末可以适当增加时间，但仍然要控制总时间。

（2）发挥电子产品的真正用途

比如学习知识、上网查阅资料等，合理使用电子产品会帮助我们收获更多的知识。

（3）找到替代电子产品的活动

家长可以抽出一些时间和孩子一起玩或者共同做一件事情。比如和孩子玩一个亲子游戏，让孩子体会家长陪伴的快乐；请孩子选择一本自己感兴趣的图书，和家长一起阅读；还可以参与亲子互动游戏，在和孩子互动交流的过程中，他们的精神需求得到满足，同时感受到分享、交流的乐趣。鼓励孩子参与社交，可以让孩子多去参加户外活动，在强身健体的同时，结交到更多的朋友，拓宽他们的社交圈。当遇到比电子产品更有意思、让他们更加感兴趣的活动时，也会在一定程度上减少他们对电子产品的依赖。

（4）家长的以身作则

孩子的模仿能力特别强，还没有形成自主做事的意识前，他们的行为一般都来源于对父母以及周围环境的复制模仿。事实证明，孩子喜欢玩电子产品的行为习惯，很大程度上是受长时间与他在一起的家长的影响。所以父母在孩子面前一定要注意自己言谈举止、行为习惯，给孩子树立一个好的榜样。

（北京市朝阳区秀园幼儿园　李敬、吴洁、付涵）

●难题 47 **家长问：孩子不爱学习、坐不住，不上学前班能否跟上小学的进度？**

情景描述：果果妈妈向老师反馈孩子在家不爱学习，幼儿园也没有教她认字、学拼音。听说一年级老师讲课讲得很快，她有点担心孩子跟不上小学的进度，于是提前给孩子报了网课，但她一点兴趣都没有。果果妈妈在想要不要给孩子报个学前班，提前认认字，学学拼音。

作为老师，你该怎么和家长沟通呢？

1. 站在家长的角度，理解家长焦虑的原因

（1）不了解小学的知识体系，过度担忧

孩子即将升入小学，但却出现了不爱学习、没有学习兴趣的迹象，家长难免会有些担忧，这是很正常的现象。一方面家长对小学的知识体系了解得不多，另一方面也是受到了当前某些学前班的过度宣传，认为上学前班就能解决孩子学习的问题，因此开始焦虑。

（2）不了解幼儿的学习方式，盲目从众

从家长的反馈来看，家长只关注到孩子行为的结果，没有理解孩子的学习方式，认为给孩子报网课提前学，就能解决入学适应的问题。但其实不然，兴趣是最好的老师，如果孩子上小学后发现都是学过的内容，虽然短时间内可能学习压力会小一点，但是长期来看很容易出现孩子上课不认真听讲，觉得自己什么都懂的情况。至于"不上学前班能否跟上小学的进度"这个问题，家长大可不必担心。小学的课程都是根据孩子的年龄特点来设计的，只要孩子有良好的学习习惯和态度，家长能够密切关注孩子的学习动向并及时提供帮助，孩子都能很快地适应小学生活，学会这些知识。因此，不必提前学，让孩子对一年级所学知识保持好奇心和求知欲才是最重要的。

2. 幼儿园里有"妙招"，"入学准备"不松懈

在幼儿园，各方面的入学准备都隐含在游戏和日常活动中。入学准备应有身心准备、生活准备、社会准备和学习准备等四个方面。在身心准备方面，师幼讨论小学生活、加强体育运动，可以帮助孩子以一种积极期待的心态、健康有活力的身体状态迎接小学生活。在生活准备方面，孩子从小班到大班通过递进的引导形成了较好的生活自理能力，整理游戏和值日生制度培养巩固了孩子良好的个人卫生习惯和责任意识。在社会准备方面，大班频繁的小组分工合作和各环节的任务安排培养了孩子交往合作的能力和任务意识。

在学习准备方面，鼓励孩子独立做计划和用图文并茂的形式记录自己的想法，这都是培养孩子良好学习习惯和能力的方式。

3. 共享秘诀，总有一种方法适合您

（1）用孩子喜欢做的事情培养专注力

有的孩子喜欢画画，在画画时就会比较专注，有的孩子喜欢研究乐高，自然能长时间地探索乐高玩具的不同搭法。在自己喜欢的事情中，良好的专注力也会产生，因此可以多鼓励幼儿做自己想做的事情。对于孩子不感兴趣但对他有益的事情，可以先试试保持 3 分钟的关注度，达到后，再适当地增加时长，慢慢拉长孩子集中注意力的时间，让专注力逐步提升。

（2）奖励表扬不能少

及时关注到孩子专注做事的良好行为并给予表扬，如孩子耐心观察公园里的小蚂蚁搬食物运回家可以说："你耐心蹲在这儿看小蚂蚁运食物回家，你观察得真仔细。"从小事到大事，我们应该抓住一切契机，有针对性地进行表扬和奖励，提高孩子对好行为的重视程度，从而养成专注的好习惯。

（3）用"拆分时间段"破解"坐不住"难题

合理安排幼儿学习和休息的时间，最好是动静结合，如拼图、绘画相对静一点的活动后，可以来一个故事表演、猜谜游戏这种活跃气氛的活动；久坐之后，更应该让活泼好动的孩子们动起来，如安排一场趣味亲子运动，充分感受"动"与"静"，才能逐渐适应"静"，最终破解"坐不住"的难题。

（4）制定计划效率高

周六上午的活动安排，可以由孩子来制定，如八点到八点半吃早饭，八点半到九点看绘本，九点到十点去公园。计划好后，他要按照自己制定的时间计划全部完成。在游戏的时候也可以制定一些计划，如今天孩子要做一个美工作品，做之前可以先与孩子沟通：

"你想制作什么？用什么材料？怎么做呢？"可以让幼儿简单与家长口述计划，还可以把自己的计划用简单图画符号表征出来，再按计划做事。有一定的方向和目标，才更有助于幼儿有意识地认真专注做事。

（5）"小"游戏中的"大"价值

做一些培养幼儿专注力且相对安静的亲子小游戏，如日常与孩子一起玩找不同、拼图迷宫、美工制作、亲子阅读、听声音猜乐器、你来表演我来猜等游戏。我们可以根据孩子的实际情况进行选择和调整，让孩子在快乐游戏中学有所获。

在孩子学习时，家长们要注意不要打扰、分散孩子的注意力。而在孩子活动后，家长要及时给予肯定和鼓励，提升幼儿的自我价值感，为孩子营造积极的学习氛围。

（北京市朝阳区教育科学研究院　刘洁红、贾倩倩）

难题 48 **家长问：孩子注意力太差，担心上小学跟不上学习进度，怎么办？**

情景描述： 冉冉妈妈反映，孩子现在已经上大班了，给她报了一些相关的兴趣班。但她上兴趣班时，注意力集中时间很短，总被老师提醒，在家中练习写名字也是，不是要上厕所就是累了，磨蹭半天也写不好。作为家长，她很担心孩子今后上小学出现上课走神儿、专注力下降等一系列问题。

当家长反馈幼儿注意力不集中时，作为老师，你该怎么和家长沟通呢？

1. 共同分析导致幼儿注意力差的原因

（1）身体原因

天气燥热、身体不适等原因会导致孩子睡眠不足或过度疲劳，这些生理因素都可能引起孩子注意力不集中。

（2）外界干扰

首先是环境的干扰，如嘈杂的声音、不适宜的光线或温度等，都会分散孩子的注意力。其次是成人的干扰，有时家长不合时宜地介入会干扰孩子连贯的思绪，或面对孩子发起的互动请求时，家长没有及时回应，也会使孩子的注意力发展受阻。

（3）对所做的事不感兴趣

每个孩子都有自己的兴趣点，如果兴趣和动机不足，也会导致其无法集中注意力。

2. 站在家长的角度，缓解入学焦虑

在幼小衔接的关键时期，家长产生焦虑情绪是很正常的。除了注意力，家长还会关注孩子各方面能力的发展是否能尽快适应小学的节奏。每个孩子几乎都有薄弱的地方，家长要正视孩子的不足之处。入学准备包括身心准备、生活准备、社会准备和学习准备等四个方面。一味提前学习小学知识对孩子适应小学生活可能会造成负面影响，超越年龄的能力需求会给孩子带来挫败感，从而对他造成更多的压力。注意力对于小学生活固然很重要，随着年龄增长，孩子的注意力时长也会逐渐增加，因此在孩子养成注意力集中的习惯前，家长可把精力放在幼儿其他入学准备方面，缓解自己的焦虑情绪。

3. 家园携手，提升幼儿专注力

（1）为幼儿创设良好的学习环境

为孩子提供安静、整洁且没有干扰的学习环境。在孩子专注于某件事时不要去打断他，尽量让他专注地完成整件事情。例如孩子玩玩具时，不要问孩子渴不渴、要不要喝水之类的问题，避免打断他们，分散他们的注意力。家长的行为也会直接影响孩子，因此，家长要树立保持专注的榜样，认真倾听孩子的想法，给予他们足够的关注。

（2）建立良好的作息习惯

确保幼儿每天有规律的作息时间，按时睡觉、起床、健康饮食和适量的运动。不妨让孩子制定自己的作息时间，让他在家有自主选择的机会，通过规律的作息时间、合理的学习计划等方式，建立良好的学习习惯。周末也按幼儿园的作息时间起床、吃饭，白天可以带孩子到户外亲近大自然，去做孩子喜欢的事情，尽情去享受，这样有助于提高孩子的专注力。

（3）适度的挑战与鼓励

尊重孩子个性，根据孩子的个性特点进行教育，从孩子的兴趣点入手，一点一点慢慢来。可以每天晚上睡前和孩子共同读一本绘本，充分了解绘本所讲述的知识。可以反复阅读，并在阅读前先提出问题，让幼儿带着问题去听故事，听完后回答问题，并挑战尝试用不同绘本人物的口吻来讲述故事。孩子回答和复述完成时，要及时对孩子的行为和学习成果给予反馈和赞扬，这是对孩子的努力和进步给予鼓励和肯定，让孩子感到自己的努力是被看见和被认可的。

（4）专注力练习

可以在家中和幼儿共同玩游戏，通过如"神枪手"这样的游戏，锻炼孩子的听动协调能力。在游戏过程中，家长的口令要清晰明确，并要求孩子迅速做出反应。还可以玩"萝卜蹲"游戏，帮助孩子提高反应速度和集中注意力的能力。这些游戏活动，不仅能有效提升孩子的注意力，而且能增近亲子关系。

（5）定期沟通反馈，家园协同促发展

教师及时通过微信、电话、晚离园等时间和家长沟通孩子在园情况，和家长说明教师在活动中通过多种教学模式（视觉、听觉、沉浸式游戏和实践操作），潜移默化地提升孩子的注意力。在游戏或幼儿做事的过程中，要学会适时介入，既不影响孩子的注意力，又能让孩子实现深度学习。家长也要定期和教师反馈孩子在家的状态，同步孩子家园情况，及时调整教学策略，协同促进孩子发展。

（北京市朝阳区秀园幼儿园　皮冰洁、尹婕、张爽）

● 难题 49　家长问：孩子最近不喜欢画画了，还说班里小朋友说他画得不好看，有这回事儿吗？

情景描述： 中班朵朵妈妈焦虑地向老师反映，朵朵最近突然不喜欢画画了，说是班里有些小朋友说她画得不好看。家长担心这可能打击了朵朵的自尊心及对绘画的热爱，希望老师能帮忙了解情况，给予指导和帮助。

作为老师，你该怎么和家长沟通呢？

1. 共情家长，分析原因

教师要理解家长面对这种情况的焦虑心理。教师应基于幼儿的年龄特点，结合专业知识分析问题出现的原因。中班幼儿处于社会交往的关键期，在交往中容易受到他人评价的影响。在画画方面，如果幼儿的作品被其他小朋友评价为"不好看"，可能会使画画的人感到失望和沮丧，从而对画画失去信心。这种负面评价可能会让幼儿觉得自己的努力没有得到认可，进而对画画产生抵触情绪。同时，随着幼儿年龄的增长，可能会遇到绘画技能发展的挑战，如果幼儿发现自己的作品无法达到预期的效果，也会感到困惑和挫败。这种挫败感会影响他们对画画的热情，甚至逐渐对绘画失去兴趣。

教师还可以从家庭教育环境进行分析。出现朵朵妈妈说的这种情况，可能还与家长过度关注和期望有关。家长往往对幼儿绘画技艺有较高的期望，不自觉地与其他幼儿进行比较，这样的高期望可能导致幼儿在未达到家长要求时就感到沮丧和挫败。此外，家长过度关注孩子的绘画成果而非创作过程，可能让幼儿感到压力，将绘画视为一项任务而非自我表达的方式。更值得注意的是，家长不经意间的负面评价，尤其是在幼儿面前提及他的绘画有不足之处，可能会严重影响幼儿的自信心和绘画兴趣。

2. 家园携手，共同解决问题

教师和家长可利用早来园、晚离园的时间与幼儿进行深入交流，了解事情的经过和幼儿的真实感受，共同找出问题的根源并有针对性地解决问题。

一是幼儿本身对画画失去兴趣。基于此种情况，教师可建议家长尊重幼儿的感受，不要急于改变幼儿对绘画的兴趣，避免揠苗助长，适得其反，应该给予幼儿"消化"的时间。

二是幼儿确实因他人的负面评价导致自尊心受到打击，降低了对绘画的热爱程度。教师可建议家长先安抚幼儿情绪，引导幼儿不要过度关注他人对自己作品的评价，知道绘画是自己对事物感知的一种表达方式，每个人看到后的感受可能是不一样的，别人的看法只代表他自己，而不代表你画画的好坏。

此外，在班级中教师也要安抚幼儿的情绪，密切关注她的活动情况与情绪，发现问题及时介入和指导。晚离园时，将幼儿一日生活的表现与家长进行交流，缓解家长的焦虑。同时，通过集体教学活动或小组交流的形式对班级幼儿进行友爱教育，引导幼儿尊重每个人的创作成果，不要用"好看或不好看"来简单评价小朋友的作品，而是首先要肯定别人的作品，比如作品中哪里画得好；也可以向同伴提出友好建议，比如哪里还可以怎样调整使得作品更加丰富。引导幼儿意识到自己的作品是独一无二的，都有其独特性和价值，无论画得如何，只要自己用心、认真创作，

都是值得肯定的。

3. 向家长提出建议，更新家长育儿观念

如果是因为家长的期望值过高，给幼儿造成了压力，教师可给家长提出如下建议：首先，要理解幼儿的发展速度和方向都是不同的，每个幼儿有自己成长的节奏，不要将自己孩子的作品与其他幼儿进行比较，更不能用"好看与不好看"来简单评价幼儿的作品。其次，要尊重幼儿的兴趣和选择，鼓励幼儿用绘画来表达自己的情感和想法，肯定他们的创意和努力，让幼儿感受到自己的作品是被欣赏和重视的。最后，家长还可以与幼儿一起探索新的绘画内容和材料，鼓励他尝试不同的创作方式，在宽松愉悦的环境中创作，帮助幼儿重新找回对绘画的兴趣。

（北京市朝阳区光华路幼儿园　王雪、彭雪洁）

● 难题 50 **家长问：孩子马上就要上小学了，幼儿园里教不教拼音、汉字？**

情景描述：进入大班下学期，幼儿即将升入小学。一天，洋洋妈妈找到老师，焦虑地说她很担心孩子上了小学以后跟不上进度，询问幼儿园里是不是可以提前教孩子学一些拼音、汉字，这样孩子上了小学以后就不会因为进度快而跟不上了。

面对家长的询问，你该如何和家长沟通呢？

1. 从政策角度明确态度，争取家长的理解

面对家长提出的问题，教师要表示非常理解，但是基于政策要求，幼儿园不能教授拼音和汉字这件事还是需要和家长说清楚的，争取得到家长的理解。在《关于大力推进幼儿园与小学科学衔接的指导意见》中明确提出"幼儿园不得提前教授小学课程内容"。其中也明确了幼儿园的定位："幼儿园要贯彻落实《3—6岁儿童学习与发展指南》和《幼儿园教育指导纲要》，促进幼儿身心全面和谐发展，为入学做好基本素质准备，为终身发展奠定良好基础。"根据以上政策要求，教师要向家长明确幼儿园的态度，但是也可向家长解释，虽然幼儿园不能教授小学知识，但是幼儿园可以帮助幼儿做好生活自理、社会交往和学习能力、习惯等多方面的准备，从而帮助幼儿做好幼小衔接准备。

2. 从幼儿身心发展特点层面入手，分析适宜性

3～6岁的幼儿以直观动作思维和具体形象思维为主，对抽象的逻辑符号理解能力较弱，而拼音和汉字都属于抽象逻辑符号，直接教授这些知识不利于幼儿的理解和学习。另外，游戏是幼儿最喜爱的活动和主要的学习方式，他们是通过直接感知、实际操作和亲身体验的方式来主动获取经验的。幼儿教师最主要的任务是给幼儿创设丰富的教育环境，最大限度地支持和满足幼儿需要，帮助他们在不断探究和发现的过程中建构知识，而不是通过强化训练教授幼儿知识。这样既违背了幼儿的年龄特点，也违背了幼儿园的教育本质。此外，过早的学习压力也会影响幼儿对小学生活的向往，不利于幼儿身心健康和成长。

3. 为家长支招，实现科学衔接

（1）树立科学理念，让衔接更全面

幼小衔接是家园双向奔赴的过程，需要家园携手，为幼儿入学做好身心、生活、社会和学习等全方位的准备。拥有一个对小学充满向往的内心和强健的体魄是基础；能够照顾好自己，习得基本的生活自理能力是保障；会解决与同伴之间发生的矛盾，能向教师主动表达是关键；对学习充满兴趣，养成良好的学习习惯才是终身受益的核心。这些全方位的入学准备要比单一地学拼音、学汉字等知识准备更有意义、更有价值。

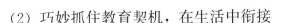

（2）巧妙抓住教育契机，在生活中衔接

受幼儿年龄特征的影响，"填鸭式"的教学方式不适宜幼儿学习和接受，家长可以在带幼儿散步、游玩的过程中，有意识地带领幼儿指认商场内、超市里、电视节目中等生活中出现的汉字，不强求幼儿一定要把这些字认会，允许幼儿在自然而然、循序渐进的过程中对汉字有所了解。其目的不光是要让幼儿明白汉字是一个符号，还要让他感受到汉字在生活中具有非常重要的意义，从而萌发出学习汉字的愿望。家长也可以从幼儿的名字入手，给幼儿讲一讲名字的结构和意义，让幼儿体会我国姓氏文化的博大精深，感受家长给予他的期望和爱。有了这些经验以后，相信幼儿对自己的名字会有更深刻的理解，也更愿意书写自己的名字，从而开始对文字产生兴趣。

（3）开展亲子小游戏，在玩中"学习"

家庭中的亲子游戏也可以起到促进幼小衔接的作用。以扑克牌游戏为例，扑克牌玩法多样，是非常有利于促进幼儿数学学习的材料之一。有一种玩法叫"10 点半"，将手中的扑克牌数字相加，JQK 和大小王算是半点，谁先靠近 10 点半就算谁赢。这个游戏可以根据幼儿的经验调整为"5 点""8 点"等，其核心目标是帮助幼儿学习 10 以内的加减法。这个游戏比列出一篇 10 以内的加减法运算法则要有趣多了，幼儿也更乐意接受。再如"比大小"游戏，家长和幼儿分别出一张牌，比较大小，数字大的为赢家，要将小牌收走。这个游戏可以帮助幼儿感受数量关系，提升计算能力。

（北京市朝阳区光华路幼儿园　郭娜、张征）

附 录

家园沟通的 40 条金句

1. 热爱孩子是一切动力的源泉，唯有爱才能打动人心。——杨晶悦

2. 人都是喜欢听好话的，家长也是如此，不仅喜欢听孩子的好话，也喜欢听自己的好话。——胡天琦

3. 认真倾听、观察是做好家园交流的重要前提。——尹宝玉

4. 把孩子的事装在心里，面向家长自然有问有答。——张靖

5. 真诚、共情是家园携手的基石。——吴洁

6. 在做家长工作时，专业不足时，热情来弥补。如果教师很专业，热情会放大教师的专业指数。——王佩璟

7. 要把"感谢"时刻挂在口头，让家长真正信任教师。——段炼

8. 源于幼儿情况的沟通，才是真的工作根基。——张爽

9. 真正去研究孩子才是开启家长工作的有效路径。——钱充

10. 语言的魅力是家长工作的关键之一。——杜航

11. 如果从家长方面解决不了问题，那就从孩子入手。——王瑶

12. 把家长的话听到心里，再说到家长的心坎里。——贾思雨

13. 好孩子是表扬出来的，好家长是鼓励出来的。——李敬

14. 不是要与家长辩论，而是要与家长合作共赢。——张璐

15. 确保孩子的生命健康安全是家园工作的基础。——付涵

16. 请多用电话语音与家长沟通，让语言的表达更有情感，更有温度，更有魅力。——李丽娜

17. 让家长明白家长和教师是一个团队，家园是一个整体。——杨爽

18. 100分的家长满意来自家长的信任、理解、支持，来自教育智慧。——程飞

19. 知己知彼，投家长所好。——张楠

20. 有效沟通，才能真正让老师和家长成为站在一个战壕里的战友。——马京伟

21. 不忽视每一个幼儿，不小觑每一位家长，不主动沟通的家长其实也需要老师的关注。——郝朝霞

22. 用发现的眼光去看待每一个孩子，让他知道自己是颗闪耀的星星。让家长知道老师发现了那颗星星。——刘欣

23. 每一个好家长都是日积月累积攒出来的。——李逸然

24. 做孩子温柔的陪伴者，做家长育儿的合伙人。——李乐

25. 做家长工作，教师的一张笑脸和满腔热情很重要。——王佩璟

26. 倾听心声，了解家庭生活中的、家长眼中的孩子。——谢静

27. 听需求，巧加入。多报喜，巧报忧。善倾听，诚接受。常换位，乐出招。——汤睿

28. 互相尊重是做好家长工作的前提。——贾倩倩

29. 与家长沟通要注意语言的形式和方式，把握好三表扬、二分析、一调整的沟通时序。——王爱芹

30. 跟家长沟通要学会倾听，既要虚心听、耐心听，也要会听、能听懂。——王雪

31. 要将孩子在各领域中点点滴滴的发展及时向家长反馈，尤其是家长特别关注且关心的问题。——刘洁红

32. 家园合作是一门艺术，你学会运用了，那么你在幼儿教育上就会有一定的收获。——王芳

33. 忽略了一个家长，就等于放弃了一个孩子的教育。——尹婕

34. 真诚体现在对幼儿日常细致地关注，只有关注到了，家长问的时候才有话可说。这也是一种对工作的热爱。——贾思雨

35. 对于内向的家长，要遵循主动沟通的原则，要让家长切实感受到教师的关心。——皮冰洁

36. 站在家长的角度想问题，多体恤家长的心情，多给他们一点了解事实的时间。——王婷

37. 家长不可能一下子就对教师放心，需要用点点滴滴的爱和耐心让他们慢慢发生变化。——孙佳琪

38. 要让家长亲眼看到孩子在幼儿园里真实的生活游戏，理解孩子的学习方式。——范奭琛

39. 不妨抓住机会让家长们展示一下自己过人的才华，让他们参与幼儿园的各项活动，感受保教工作的不易，将心比心，减少对幼儿园的挑剔。——张新艺

40. 家长首先在乎的是教师的专业品德，其次才是教师的专业能力。——谷金双

图书在版编目（CIP）数据

破解家园沟通的50个难题 / 谷金双，王艳云主编. --
北京：中国农业出版社，2024.8. -- ISBN 978-7-109
-32282-0

Ⅰ. G613

中国国家版本馆 CIP 数据核字第 20247JE984 号

破解家园沟通的 50 个难题

POJIE JIA YUAN GOUTONG DE 50 GE NANTI

中国农业出版社出版

地址：北京市朝阳区麦子店街 18 号楼
邮编：100125
责任编辑：马英连
版式设计：杨 婧　责任校对：吴丽婷
印刷：中农印务有限公司
版次：2024 年 8 月第 1 版
印次：2024 年 8 月北京第 1 次印刷
发行：新华书店北京发行所
开本：700mm×1000mm　1/16
印张：9.25
字数：116 千字
定价：58.00 元